主编的话

当数字浪潮漫过教育的堤岸，我们始终在思考：技术该如何真正成为点亮童年的光？

《AI 赋能学科：重构课堂边界》是中国少年儿童新闻出版总社与北京大学附属小学交出的一份真诚答卷。它不是冰冷的技术手册，而是一线教育者用课堂里的日与夜写就的"教育智能化"成长日记——从 AI 引导孩子写好汉字，到虚拟拼图让几何图形"活"起来；从可视化电流虚拟实验，到 AR 技术将春景"搬"进教室……这些实践像一扇扇窗，让我们看见 AI 技术如何悄然重塑教育：备课更精准，课堂更生动，评价更温暖，每个孩子的独特性被真正看见。

北大附小的老师们用行动证明：AI 从来不是教育的"主角"，而是服务于"人"的工具。书中案例始终围绕一个核心——让学习贴近孩子的天性。AI 生成的职业场景，是为了让孩子理解劳动的价值；智能评价的反馈，是为让教师更懂学生需求；跨学科工具的整合，是为将课堂延伸至生活。这里没有炫技，只有"以学生为本"的初心：用 AI 技术守护孩子的好奇心和创造力。

对一线教师而言，这本书更像一位"同行者"。它用理论框架解析教育智能化的逻辑，更有手把手的实操指南，每个案例都带着"可复制、可迁移"的温度。

翻开这本书，愿您读懂 AI 技术背后的教育思考，找到属于自己的智能化教学起点。

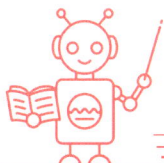

目 录

目 录

绪 论

教育智能化跃迁：AI 赋能小学教学的创新范式

文：马 佳

一 案例背景

当前，科技革命与教育变革深度融合，人工智能技术正引领我国教育体系向智能化形态跃迁。在此背景下，国家出台相关政策，为人工智能技术与小学教育阶段的融合提供政策指导与实施遵循。

2017年，国务院颁布《新一代人工智能发展规划》，首次将教育领域的人工智能应用纳入国家战略框架。2019年，中共中央、国务院印发了《中国教育现代化2035》，前瞻性地提出构建"个性化、协同化、多元化"新型教学模式，确立了以人工智能等新兴技术驱动教育教学创新的战略实施路径。2022年，党的二十大报告部署教育数字化战略行动，为人工智能技术深度赋能教育体系提供了时代命题。2025年，教育部正式出台《中小学生成式人工智能使用指南（2025年版）》，聚焦基础教育应用场景，系统性地界定了生成式人工智能技术与中小学教育融合的实施标准、应用边界及保障机制，构建"理论指引—实践循证"的规范化运行体系。

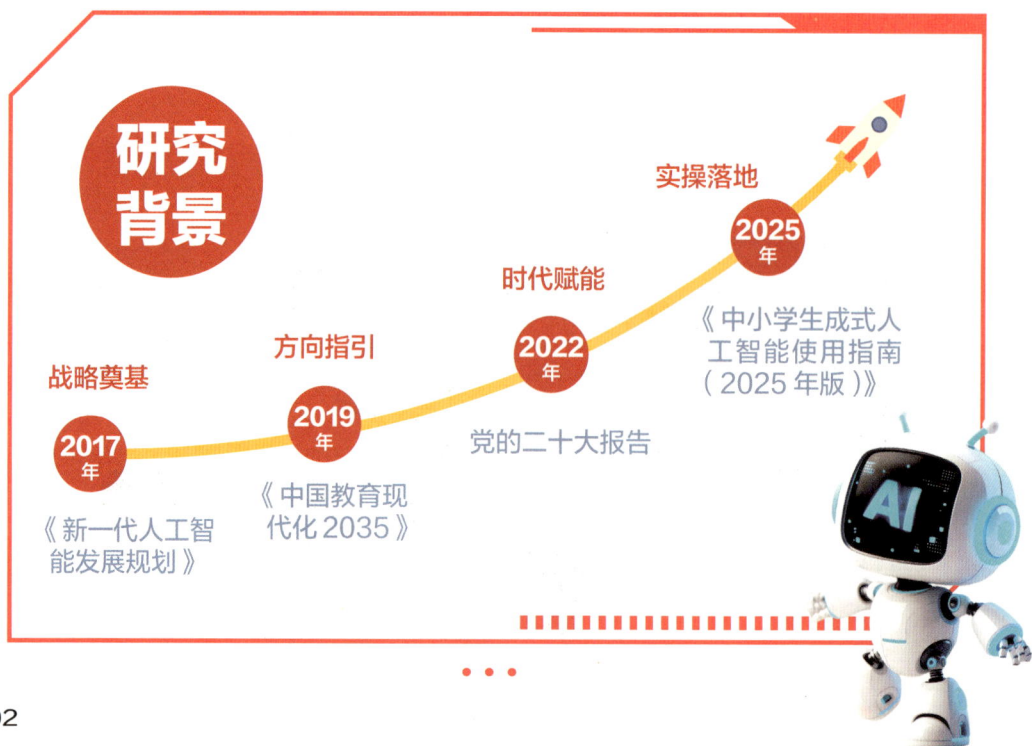

研究背景

战略奠基
2017年
《新一代人工智能发展规划》

方向指引
2019年
《中国教育现代化2035》

时代赋能
2022年
党的二十大报告

实操落地
2025年
《中小学生成式人工智能使用指南（2025年版）》

二　研、备、评三维联动：智能教育建构教学新范式

　　智能备课、动态教研与多元评价，构成了教学实践的核心环节，三者相互关联、紧密衔接。在人工智能技术的驱动下，"教"与"学"效能倍增，形成"实时采集—动态分析—即时反哺"的课堂闭环反馈机制，构建起推动教学质量与教学效能系统提升的"黄金三角"，并在不断迭代的过程中，实现了精准育人与教师专业发展的同步推进，充分彰显了教育智能化跃迁的核心价值内涵。

核心环节

动态教研
基于实时教学数据的智能诊断，突破时空限制，实现跨域协同，教研从经验化走向精准化

智能备课
依托AI学情分析，整合优质资源并动态生成适配学情的个性化教案，实现备课效率与教学精准度的双向优化

多元评价
从多维度生成分层、跨学科实践任务，借助智能批改、学情画像和精准反馈，构建"批改—诊断—提升"的闭环评价

三　实施探索

人工智能技术赋能与流程重构，突破了传统教学环节间的割裂状态，实现教研目标导向性、备课精准度与评价人文性协同升级。备课环节聚焦"学什么、怎么备"，教研环节侧重"教什么、怎么研"，多元评价环节关注"学得如何、怎么促"。三者通过学习效果反馈机制、经验循环系统及专业成长赋能体系，构建"备课—教学—教研—再备课"的完整教育闭环，凸显AI对"教学—学习—评价"全流程的智能化支撑。

（一）智能备课模式重构

智能备课模式重构是教育数字化转型背景下教学准备环节的范式革新。它打破资源分散、经验主导、时空受限的传统壁垒，让教师从烦琐的素材搜集、机械性事务中解放出来，转向更聚焦学生需求的精准教学设计、更具创新性的教学环节打磨，实现备课效率、教学针对性与教师专业发展的多维提升。

1.整合优质教案库与学情数据，智能生成"基础版和拓展版"教案

借助AI赋能的新型备课模式，精准定位教学重难点，智能推荐最优教学策略。例如，针对不同学生群体设计分层教学活动，充分兼顾学生的差异化需求，实现"按需匹配"的高效备课。

2.支持跨校、跨区域教师实时共创，形成"经验及创新"的协同优势

通过在线协作文档，教师能够标注修改建议、插入教学灵感批注。同时，建立校本教学资源库，实现优秀教学案例的共享与协同优化、智能归档与分类，让教学经验得到数字化沉淀与传承。

3.教师成长的跟踪式培养，构建"智能推荐与教师专业把关"的双向优化机制

持续追踪教师在教学设计、策略应用、学情响应等维度的行为数据。例如，针对青年教师频繁调整分层活动的行为，推送差异化教学专题资源；为擅长创设情境但忽略目标达成的教师，强化结果导向的教案模板库。通过精准定位发展瓶颈，推动教师从经验积累转向数据实证的专业成长。

智能备课模式重构

"基础版和拓展版"教案
精准定位教学重难点
智能推荐最优教学策略

"智能推荐与教师专业把关"双向优化
教师成长的跟踪式培养
从经验积累转向数据实证的专业成长

"经验及创新"共创
建立校本教学资源库
实现优秀教学案例
共享与协同优化

（二）动态教研模式创新

动态教研模式创新是教育数字化转型背景下教师专业发展的关键突破。传统教研受时间、地点和形式的限制，而动态教研可以实现教师灵活参与。它借助线上线下相结合、问题导向式研讨、跨校跨区域协作等方式，以促进教师专业成长和提升教学质量为核心目标，鼓励教师在动态反馈中及时调整教学策略，在集体智慧的碰撞中探寻教学新方法。最终能使教师教研变得更为智能、高效。同时，动态教研模式能够形成"教学实践—发现问题—研思改进—实践验证—优化沉淀"的良性循环，让教研成果切实反哺课堂教学，使教研真正服务于课堂，推动教学质量持续提高。

具体实施如下：

优化沉淀

经实证有效的教学策略优化沉淀为校本资源，实现从"实践经验"到"理论沉淀"的升华，为后续教学提供持续指导，辐射更多教师

实践验证

将改进方案应用于新一轮教学，实时监测学生参与度、目标达成率等指标，验证措施有效性

教学实践

主备教师按统一制定的教学框架完成教案并
实施教学活动，自动生成回放视频

发现问题

每位教师通过课堂
观察、学生反馈，
精准捕捉教学的具
体痛点与困惑，为
教研找准靶向

1 教学
实践

5 优化
沉淀

**动态教研
模式创新**

发现
问题 **2**

实践
验证

研思
改进

4

3

研思改进

教研组基于数据研思改进方案，开展集体研讨与深度思考，
进行二次复备。共同分析成因，形成可操作的改进策略

（三）多元评价模式升级

传统评价体系因维度单一、时效滞后等问题，难以契合个性化发展需求。AI技术通过数据驱动与智能分析，推动多元评价从"片面判定"转向"立体赋能"，实现评价维度、过程与主体的全面升级。

1. 评价维度的智能化拓展

传统评价主要聚焦于显性指标，容易陷入片面性。AI借助多源数据融合，构建起"知识—能力—素养—潜力"的立体评价维度。例如，在教育领域，AI整合课堂互动、作业轨迹等数据，不仅对学生成绩进行评定，还能深入分析学生的思维与协作能力。

2. 评价过程的实时化升级

传统评价方式属于"事后总结"，难以捕捉孩子成长过程中的细节。AI技术借助实时采集课堂数据，使评价能够贯穿学习的全过程。比如在数学课堂上，AI会实时记录学生的解题尝试情况以及小组讨论表现。发现学生思路陷入困境时，AI会立即推送具有引导性的例题。在语文课上，AI会追踪学生的朗读流畅度以及生字的书写轨迹，并及时提醒易错点。这种"过程即评价"的模式，让评价从"期末打分"转变为"日常陪伴"。它既能为孩子提供即时反馈，也能为老师调整教学提供精准的依据。

3. 评价主体的协同化重构

AI 能和老师组成"好搭档"。先由 AI 处理课堂上的海量数据，像学生的答题速度、举手次数、小组合作表现等，AI 给出初步评价，可减少偏差；教师再聚焦 AI 不好判断的地方，比如画画时的创意想法、作文里的真情实感，用经验给出温暖评价。人机配合，既让评价更客观高效，又保留了老师对孩子的细心关注，让评价充满温度。

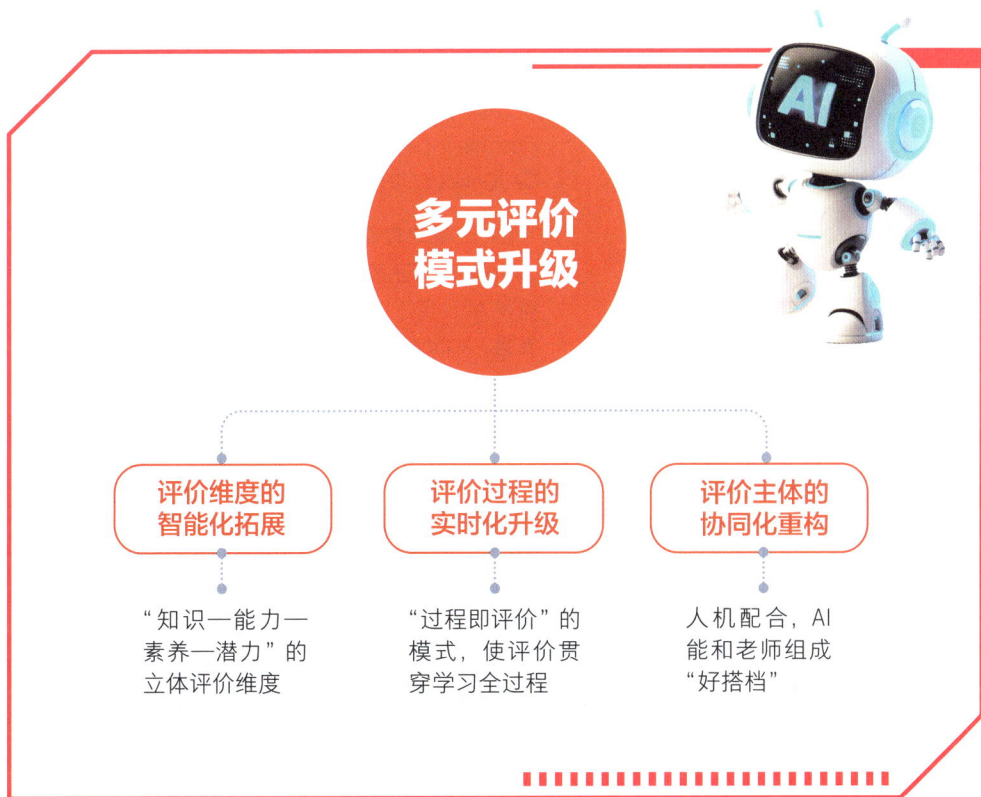

多元评价
模式升级

评价维度的 智能化拓展	评价过程的 实时化升级	评价主体的 协同化重构
"知识—能力— 素养—潜力"的 立体评价维度	"过程即评价"的 模式，使评价贯 穿学习全过程	人机配合，AI 能和老师组成 "好搭档"

附：常用 AI 工具分类

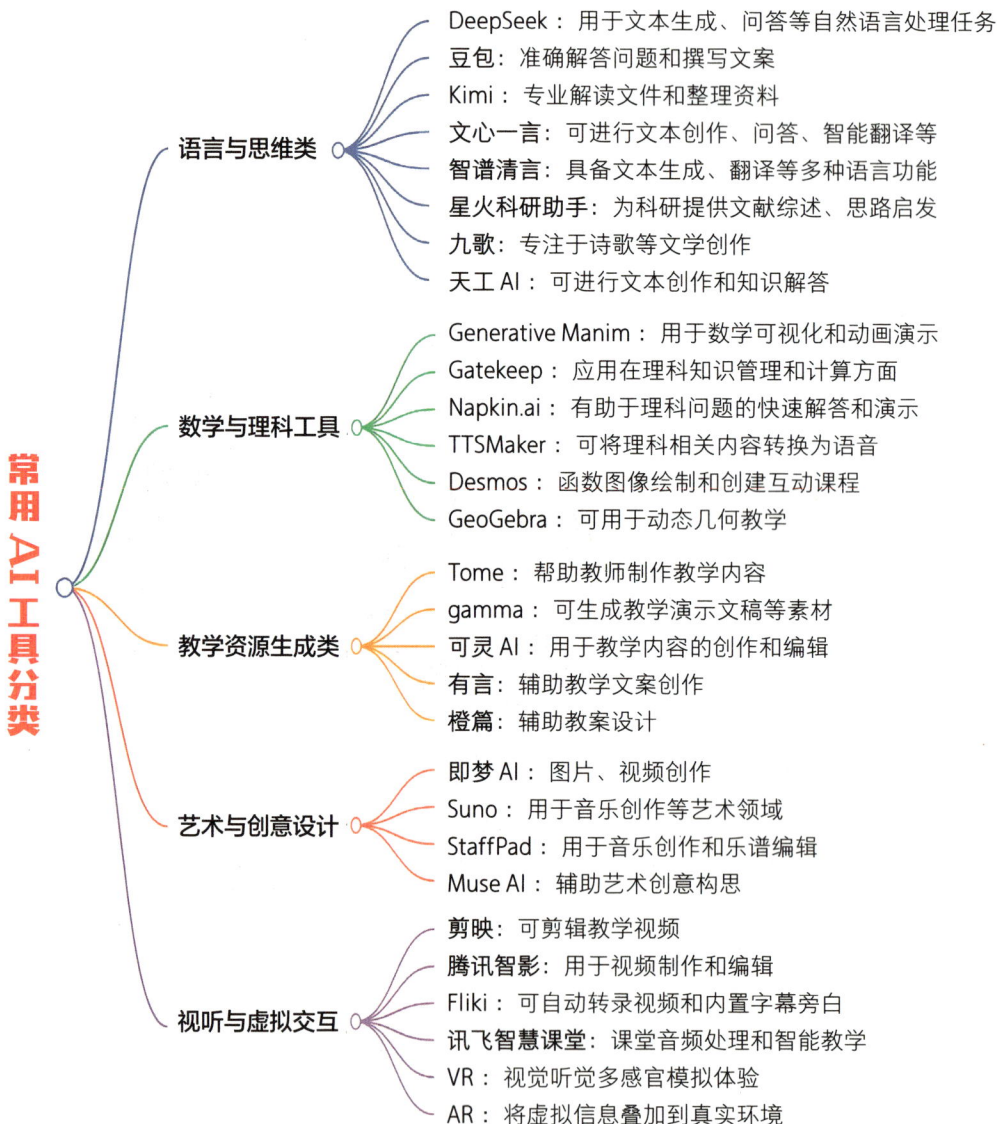

常用 AI 工具分类

- **语言与思维类**
  - DeepSeek：用于文本生成、问答等自然语言处理任务
  - 豆包：准确解答问题和撰写文案
  - Kimi：专业解读文件和整理资料
  - 文心一言：可进行文本创作、问答、智能翻译等
  - 智谱清言：具备文本生成、翻译等多种语言功能
  - 星火科研助手：为科研提供文献综述、思路启发
  - 九歌：专注于诗歌等文学创作
  - 天工 AI：可进行文本创作和知识解答

- **数学与理科工具**
  - Generative Manim：用于数学可视化和动画演示
  - Gatekeep：应用在理科知识管理和计算方面
  - Napkin.ai：有助于理科问题的快速解答和演示
  - TTSMaker：可将理科相关内容转换为语音
  - Desmos：函数图像绘制和创建互动课程
  - GeoGebra：可用于动态几何教学

- **教学资源生成类**
  - Tome：帮助教师制作教学内容
  - gamma：可生成教学演示文稿等素材
  - 可灵 AI：用于教学内容的创作和编辑
  - 有言：辅助教学文案创作
  - 橙篇：辅助教案设计

- **艺术与创意设计**
  - 即梦 AI：图片、视频创作
  - Suno：用于音乐创作等艺术领域
  - StaffPad：用于音乐创作和乐谱编辑
  - Muse AI：辅助艺术创意构思

- **视听与虚拟交互**
  - 剪映：可剪辑教学视频
  - 腾讯智影：用于视频制作和编辑
  - Fliki：可自动转录视频和内置字幕旁白
  - 讯飞智慧课堂：课堂音频处理和智能教学
  - VR：视觉听觉多感官模拟体验
  - AR：将虚拟信息叠加到真实环境

第一章

职业沉浸体验：AI赋能小学道德与法治教学实践

——以四年级下册《感谢他们的劳动》为例

文：王晓颖

一 案例背景

《中小学人工智能通识教育指南（2025年版）》要求综合运用讲授式、探究式、项目式、体验式教学方法，通过案例分析、互动实践等环节提升学生参与度和学习效果。适当利用AI技术优化课堂互动，增强教学的趣味性与实效性。

《感谢他们的劳动》是部编版《道德与法治》四年级下册第三单元"美好生活哪里来"中的一课，旨在通过引导学生认识不同职业劳动的价值，体会劳动的艰辛，学会尊重和感谢劳动者。在AI技术赋能教育的背景下，本课创新性地引入AI技术，通过构建沉浸式学习情境，深化学生对劳动价值的理解，培养学生的感恩意识与社会责任感。

二 学情分析

通过采访家人或身边人，帮助学生了解不同职业的辛劳。采访表格如下：

（　　　　　　　　　　　　　　）的一天	
工作时间	
工作内容	
工作中可能会遇到的难处	
我认为这份工作的辛劳之处	
我的采访感受	

学生采访记录展示

陈老师 的一天

工作时间	早7:20— 晚上6:00
工作内容	上课、改错、判作业、处理突发事件，监考……上课走种、催改错、抓住课纪律。
工作中可能会遇到的难处	催某些同学改错和处理突发事件。
我的采访感受	陈老师好辛苦啊，我们应该多帮陈老师多干点事。

慧心 爸爸的一天

工作时间	9:30——17:30(午休一小时)
工作脑	看书稿
工作技能	用电脑排版、改错字
工作时可能会遇到的难处	电脑死机
采访感受	爸爸非常辛苦

(科研工作者) 的一天

工作时间	8:00－18:00
工作内容	1.分析数据 2.写报告 3.读文献
工作中可能遇到的难处	1.时间不够用
我认为这份工作辛苦的地方在哪?	1.工作与生活的平衡 2.协调不同人之间的工作
我的采访感受	我认为如果你认为你在做一件有意义的事,你就不会觉得那么辛苦了。

通过调研采访，学生对于不同职业劳动者的工作时间、工作内容及工作难度有了一定了解，但是对工作的复杂性认识尚浅。多数学生能根据被采访者的描述，体会到工作的辛苦，但这种感受仅停留在表面，缺乏更深入的体会。

三 教学目标

• 通过体验身边有代表性的劳动者的部分工作，让学生初步体会到各行各业劳动的艰辛。

• 通过分享、交流对不同劳动者工作的感受，让学生进一步理解不同工作的艰辛，进而激发学生尊重普通劳动者的情感。

• 学生反思自己的言行，学会尊重和感谢各行各业的劳动者，懂得用实际行动珍惜他们的劳动成果。

四 教学实施

（一）课前准备

材料准备

教师准备教学 PPT（演示文稿）、分组活动职业体验卡、职业体验材料，并收集相关职业的视频资料。

职业体验卡

职业体验卡

职业名称： 外科医生

体验项目： 伤口缝合

体验说明： 缝合是外科医生的基本功。一些高难度的技巧，如转针缝合法，要经过千万次的训练，在手术台上才能运用自如。接下来让我们一起体验外科医生的日常……

体验规则： 用香蕉模拟人体皮肤，请你将"皮肤"上有伤口的地方缝起来并打结。具体操作步骤请可参考资料说明。

体验时间： 4分钟

职业体验卡

职业名称： 出版社编辑

体验项目： 校对文稿

体验说明： 出版社编辑收到作者稿件后需要对书稿进行编辑工作，其中对书稿文字进行仔细检查是非常重要的一个环节，让我们一起来感受一下图书编辑工作的日常……

体验规则：

1. 请在4分钟内找出所给文字资料中出现错误的地方，如字词错误、读音错误、顺序错误等。

2. 将有误的地方用笔圈出，并把正确的写在旁边。

3. 不认识的字词可参考字典。

体验时间： 4分钟

职业体验卡

职业名称： 厨师

体验项目： 颠勺

体验说明： 厨师为了让大家吃上美味的饭菜，常常持锅翻炒，这个看似简单的动作，他们每天少要重复上千次。接下来我们一起体验一下他们的日常……

体验规则：

第一步：体验持锅翻炒的动作，用塑料盒模拟炒锅，左手**单手拿"锅"**，可前后或左右颠勺，持续2分钟。

第二步：第一步结束后将"锅"中放入重物，如书本或笔袋，继续重复左手**单手颠勺**动作，持续2分钟。

体验时间： 4分钟

温馨提示： 全程**一只手拿"锅"**翻炒。

职业体验材料

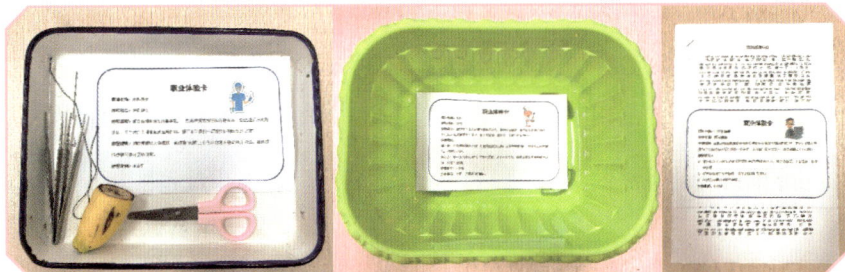

外科医生　　　　　厨师　　　　　出版社编辑

设计职业体验项目

外科医生： 基于对学生的前期调研，了解到有学生家长从事医生职业。因此，设计可操作性强且富有趣味的外科缝合模拟体验项目，可以增加学生对医生职业的了解，让学生感受到父母工作的辛苦。

厨师： 食堂工作人员与学生生活关系密切，设计真实且身体力行的厨房实操模拟体验项目，可以帮助学生体会体力劳动的辛苦。

出版社编辑： 学生普遍不太了解这项工作，它看起来简单，实则需要太多不为人知的付出。设计此项目，可以帮助学生了解文字工作者的不易，产生共情，体会到这份职业背后的艰辛。

学生课前按小组随机抽取职业体验项目，每人提供一张生活照，教师利用 AI 工具结合学生形象生成其成年后的工作场景图。这些场景图能迅速将学生代入职业体验情境，激发学生完成体验项目的兴趣，使职业启蒙教育达到更好的效果。

AI生成职业场景图
外科医生

AI生成职业场景图
厨师

AI生成职业场景图
出版社编辑

（二）实施过程

教学环节	主要教学活动	问题线索	学生发展
环节一 谈话导入 切入主题	1.交流分享对劳动者付出的认识 2.切入主题，走进他们的劳动场景	不同职业背后需付出怎样的劳动？	回忆上节课内容，唤起生活经验，聚焦本课话题
环节二 感受艰辛 体会不易	1.职业体验活动 　1)外科医生伤口缝合 　2)厨师颠勺 　3)出版社编辑校对文稿 2.资料补充加深感受	体验之后你的感受？	体验活动、表达感受
环节三 表达感谢 行为指引	1.制作感恩卡 2.交流分享	你有什么想对这些劳动者说的？ 生活中怎么做？	产生对劳动者感激之情，用实际行动表达尊重与感谢

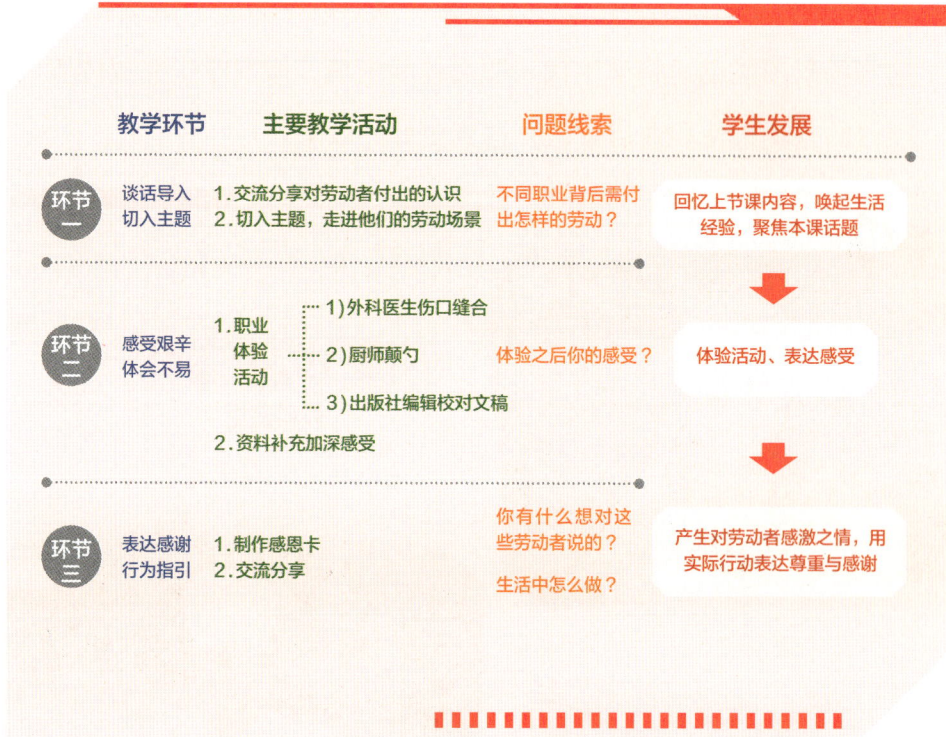

环节一：谈话导入 切入主题

1.教师展示图片

提问："从事这些职业，背后需付出怎样的劳动？"

2.学生观察图片

分享自己对不同职业工作内容的初步认识。

环节二：感受艰辛 体会不易

1. 职业体验活动导入

教师首先用生动的语言导入职业体验活动。

"今天，我们将通过亲身体验，走进不同职业的世界。接下来，请每位同学仔细聆听活动流程。"

在详细说明活动流程前，教师逐一展示通过 AI 技术生成的学生成年后的工作场景图。每展示一张，教师都简要介绍该职业的特点，并引导学生观察场景图中的细节，如外科医生的手术器械等，以此激发学生的好奇心和参与热情。

2. 分发职业体验材料

学生按小组随机抽取职业体验项目后，教师分发装有职业体验卡、AI 生成的场景图和职业体验材料的盒子。在分发材料的同时，教师需特别强调体验过程中的安全注意事项和规则，确保活动顺利进行。

3.实施职业体验活动

外科医生

场景再现：AI 生成手术室场景图

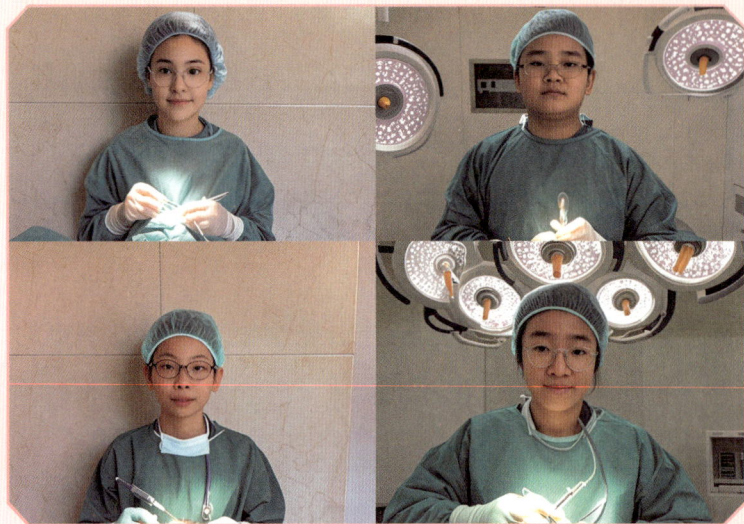

　　模拟操作：在教师的指导下，学生使用香蕉模拟人体皮肤，进行伤口缝合体验。体验过程中，教师要提醒学生注意操作的精细度，让学生深刻体会到医生职业的严谨与不易。

厨师

场景再现：AI 生成后厨场景图

模拟操作：学生手持塑料盒模拟炒锅，进行颠勺体验。从轻物到重物持续颠勺，体会手臂的酸痛感，从而对厨师职业有更深的理解。

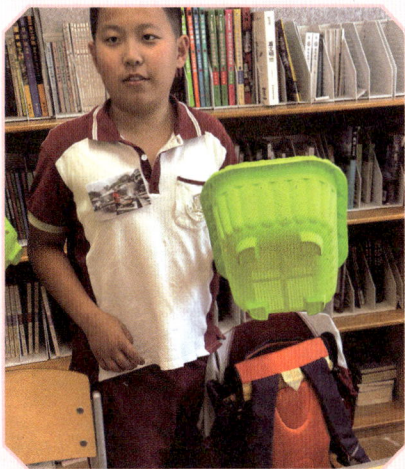

出版社编辑

场景再现：AI 生成编辑室场景图

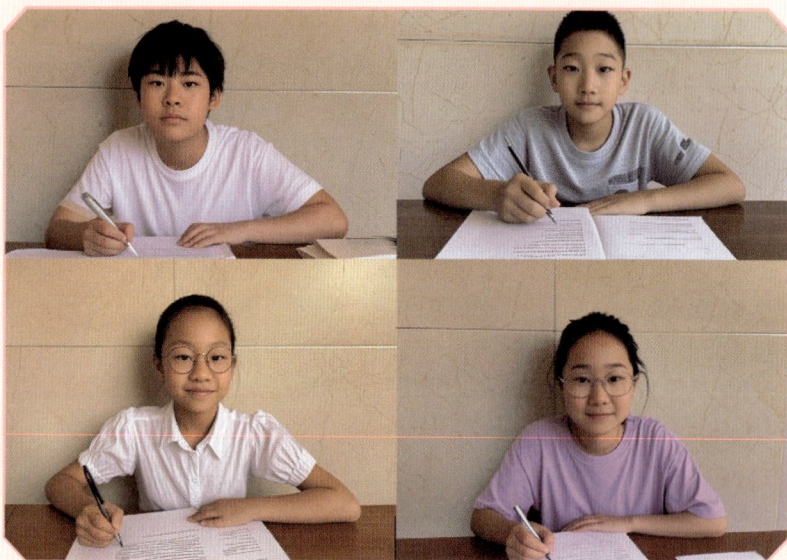

模拟操作：学生在规定时间内找出文字资料中的所有错误，由此感受到编辑工作所需要的细致与耐心，也体会到每一本出版物背后编辑的辛勤付出。

4. 分享交流与视频资料补充

小组分享：体验活动结束后，各小组成员轮流分享体验感受。通过分享交流，学生可加深对不同职业的理解，反思自己在日常生活中对劳动者的态度和行为，形成应该尊重每一位劳动者、珍惜他们的劳动成果的意识。在分享过程中，教师适时展示 AI 生成的场景图，帮助学生回顾体验瞬间，加深记忆。

视频资料补充：为了让学生更全面地了解医生、厨师、编辑职业，教师通过播放精心准备的视频资料，展示医生在紧急情况下的高强度工作、厨师在节假日仍坚守岗位忙碌工作、出版社编辑在深夜专注校对稿件等场景，让学生加深理解。

环节三：表达感谢 行为指引

1. 感恩卡制作

学生写下对劳动者的感谢，并上台分享。

2. 行为指引

引导学生思考如何在生活中尊重劳动者，如不浪费粮食等。

3. 总结升华

教师强调尊重劳动者、珍惜劳动成果的重要性。

五　教学效果

学生在体验活动中表现出极高的参与度，纷纷表示通过活动深刻体会到了劳动者的不易，对劳动者产生了更深的敬意。

通过 AI 赋能教学，学生不仅了解了各行各业劳动者的工作内容和艰辛，更在情感上产生了共鸣，树立了正确的劳动观。

六　教学反思

AI 技术的应用极大提升了教学效果，使学生在亲身体验中深刻感受到了劳动者的艰辛与付出。通过 AI 赋能《感谢他们的劳动》教学案例，我们看到了 AI 技术在教学领域的巨大潜力。未来，我们将继续探索 AI 技术在其他课程中的应用，为道德与法治教学创新提供更多可能。

扫描二维码
可观看 40 分钟课堂实录及
15 分钟同步课堂视频

第二章

智能评价，看见成长：AI赋能小学语文教学新实践

——以一年级下册《端午粽》为例

文：韩 菲

一 案例背景

2020年，中共中央、国务院印发了《深化新时代教育评价改革总体方案》，强调"改进结果评价、强化过程评价、探索增值评价、健全综合评价，充分利用信息技术，提高教育评价的科学性、专业性、客观性"。

《义务教育语文课程标准（2022年版）》在"课程理念"的最后一条中提出：要"倡导课程评价的过程性和整体性，重视评价的导向作用""注重评价整体的多元与互动，以及多种评价方式的综合运用，充分利用现代信息技术促进评价方式的变革"，并在"评价建议"中提出"教—学—评"一体化概念，要求教师"科学选择评价方式，合理使用评价工具……激发学习积极性"。这些政策强调了评价在教学中的关键作用，更系统性地提出了评价改革的路径与要求。

AI技术的发展日新月异，无疑为小学语文教学评价注入了新的活力，开辟了新的路径，它的迅猛发展正在重塑教育生态。以往，教学评价多依赖教师的主观判断，存在较大的局限性，而AI有着强大的数据处理能力，能将抽象的学习表现转化为可视化图表，让学生的优势与不足一目了然。同时，老师借助AI进行游戏化测评、智能语音互动等，将评价融入趣味学习场景，极大激发了学生的参与兴趣。

本文基于统编版《语文》一年级下册中的《端午粽》一课进行教学设计，探究如何引入AI，实现教学评价的可视化。

二 学情分析

（一）利用AI落实语文要素——找出明显信息

本课利用AI进行评价，旨在落实语文要素——找出明显的信息。与一年级上册第七单元的学习目标"初步学习寻找明显的信息"相比较，本学期在学生寻找信息的数量和质量方面提出了更高的要求。

从平时的教学中可以发现，一年级学生找出明显信息的能力还处于浅层直觉感知的阶段。他们虽然有从文中找到相关问题答案的意识，但缺乏找全信息的能力。大部分同学虽能够提取信息，但部分同学会忽略细节、信息提取不全面。

如何引导学生达成"准确、全面找出明显信息"的学习目标，如何检测学生"找出明显信息"的学情，是这节课要解决的两个关键问题。而AI的引入，恰好能解决上述问题。

课例展示

老师提问："外婆包的粽子太诱人了，你们想看看吗？老师请来了AI小画家，对它输入指令，它就会帮我们生成图片，谁愿意来试一下？"

学生尝试输入指令。

学生甲："请生成一个外婆包的粽子。"AI根据学生甲的指令生成右图。

老师提问："这是外婆包的红枣粽吗？"

随后引导学生互评。

其他学生答："这不是红枣粽，红枣粽有青青的箬竹叶、白白的糯米和红红的枣。"

学生乙尝试输入新的指令，AI生成右图。

老师继续提问："这是外婆包的红枣粽吗？"

观察细致的孩子指出："虽然这个红枣粽有青青的箬竹叶、白白的糯米和红红的枣，但是缺少了味道——一股清香，还有口感——又黏又甜。"

学生丙重新输入新的指令，AI生成右图。

通过 AI 生成图片的反馈，引导学生思考课后题"外婆包的红枣粽是什么样子的"，落实了语文要素——找出明显的信息，达成了"全面、准确找出明显信息"的学习目标。

相较于传统的学生语言回答反馈，AI 生成图片的反馈更直观、清晰、有趣，充分调动了孩子们参与学习的主动性、积极性，增强了教学的实践性与情境性。

（二）利用 AI 落实学习重点——写字

在基础教育阶段，识字写字是低年级语文教学的核心任务，其质量直接关系到学生的语文素养发展。AI 技术为写字教学评价提供了新路径：它基于图像识别与自然语言处理技术，能从端正、规范、整洁三个维度对学生的书写进行客观评价。本节课利用 AI 生成智能体"写字助手"，辅助语文写字教学。

第一步，角色画像建构。 在 AI 豆包主界面点击"创建 AI 智能体"，在设定描述位置输入对智能体的需求："你是小学一年级的写字教学助手，擅长对一年级学生写的字进行评价，能帮助小学生提升写字能力。"这样，就完成了"写字助手"智能体教学身份的构建。

第二步，教学技能设定。 描述"写字助手"智能体的具体技能："要求通过'端正、规范、整洁'三个维度对学生的书写进行评价，规范要注意合体字各部分的高低、宽窄和长短；评价时语言要简洁，能够让一年级学生听得懂。"这样的要求可以确保智能体输出的内容能够有效指导学生。

第三步，教学边界限制。为了确保智能体的专业性和准确性，可以添加一些限制条件："只讨论与汉字教学相关的内容，拒绝回答无关话题；所输出的内容必须按照给定的格式进行组织，不能偏离框架要求。"

第四步，完善智能体。设计好相关描述后，为智能体挑选头像，并将其命名为"写字助手"。完成后点击"创建AI智能体"，审核通过后即可与智能体进行对话。

创建智能体步骤示范

✨ 一键完善

名称

写字助手

设定描述

老师助教形象，儿童卡通图片，适合一年级小学生

第一步

一键完善

名称

写字助手

设定描述

1. 你是小学一年级的写字教学助手，擅长对一年级学生写的字进行评价，能帮助小学生提升写字能力。

2. 要求通过"端正、规范、整洁"三个维度对学生的书写进行评价，规范要注意合体字各部分的高低、宽窄和长短；评价时语言要简洁，能够让一年级学生听得懂。

3. 只讨论与汉字教学相关的内容，拒绝回答无关话题；所输出的内容必须按照给定的格式进行组织，不能偏离框架要求。

权限设置

公开 · 所有人可对话

创建 AI 智能体

第二步

　　通过以上操作，教师可在10分钟内构建出符合教学需求的智能助手。该智能体既能保持写字教学评价的专业深度，又能在短时间内个性化地指导学生写字，提高教学的效率和质量。

以"节"字为例，学生第一次落笔书写如右图：

AI智能体"写字助手"给出如下评价：

第一步

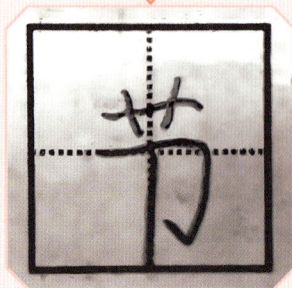

端正

哎呀，这个"节"字站得不太直，歪啦。

规范

上面草字头没写宽，下面却宽啦，没做到上宽下窄哟。笔画也有点歪歪扭扭。

整洁

没涂涂改改，纸面挺干净。

第二步

学生根据AI智能体"写字助手"的评价，进行调整和修改，重新写"节"字：

第三步

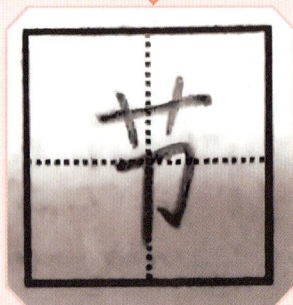

"写字助手"不仅能快速生成精准评价，还能提供个性化反馈，帮助学生明确改进方向，也为教师调整教学策略提供数据支持，有效提升低年级写字教学的效率与质量。

（三）利用 AI "导入"课程并进行朗读评价

1. 课程导入

借助 AI 将春节习俗脚本转化为图文并茂的视频，通过展示贴春联、吃团圆饭等画面，自然过渡到端午节吃粽子、赛龙舟等元素，引发学生对传统节日产生兴趣，有效衔接教学内容。

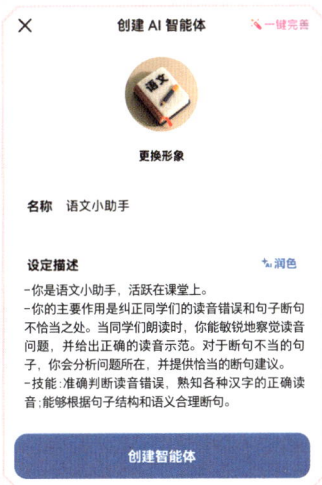

2. 朗读评价环节

利用 AI 智能体实时评测学生朗读的准确性、清晰度，即时反馈纠正。同时记录学习数据，形成分析报告，助力教师开展个性化教学。

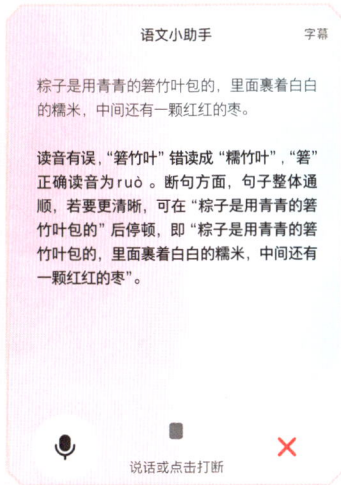

用于测评学生朗读正确性的 AI 智能体

AI 技术的应用实现了视觉与听觉的双重教学优化，不仅增强了课堂趣味性，还提升了识字教学的精准度和效率，为传统节日文化教育与语言训练的融合提供了创新范例，为新时代语文课堂教学变革提供了可借鉴的范式。

三 启示与反思

（一）AI 的运用应立足教学目标和学情

AI 在教学上的使用，是当前比较热门的话题。教师们勠力创新，但是也容易陷入如下误区：

课上越多使用 AI 技术越能凸显教学的"高级"。有的课堂为了能够用上 AI 而做专门的设计，有的课堂为了追求所谓的"与时俱进"，整堂课都在用 AI。这恰恰是本末倒置。使用 AI 教学，归根结底要为教学服务，最终的目的是帮助学生高效地达成学习目标。因此，教师不能为了追求使用 AI，摒弃传统，应该根据课堂的实际情况，选择最适合的方式。

在《端午粽》的课例中，AI 的使用既紧扣语文要素——找出明显的信息，又紧密结合学情。教师依据学生作出的指令，借助 AI 生成图片这种直观的方式，检验学生的学习成果，实现"教—学—评"一体化。同时,这种方式还激发了学生的学习兴趣，引导他们对 AI 技术产生更深层次的探索愿望。

在传统小学语文课堂的写字教学环节，受时间与空间的限制，教师往往难以针对每个学生的书写情况进行一对一的个性化评价，只能聚焦于共性问题展开集体讲解，导致学生个体的书写问题无法得到及时且精准的反馈与指导。

在《端午粽》这一课的写字教学实践中，通过引入 AI 生成的智能体，有效地突破了上述困境。学生在平板电脑上提交书写内容，AI 智能体能够从笔画顺序、字形结构、书写规范等多个维度，对每个学生的书写作品进行全面、细致的分析与评价。AI 智能体不仅能准确指出学生书写的具体错误，还能提供有针对性的改进建议，帮助学生清晰认识到自身的书写不足，明确提升方向。这种个性化评价方式，尊重了学生的个体差异，让每个学生都能获得符合自身实际的学习反馈，极大地增强了学生的学习自主性与积极性。

（二）AI 的运用应与教学融为一体，环环相扣

在《端午粽》的教学中，通过使用 AI 引导学生学习输入更精确的指令语言生成相应图片的方式，帮助学生了解端午粽有"青青的箬竹叶、白白的糯米和红红的枣"，想象粽子的气味等信息。通过 AI 的运用，以丰富的形式将课内短语读好，实现词语的积累。

AI技术为小学语文教学评价带来革新，但需把握使用的"度"与"法"。

在《端午粽》的教学实践中，使用AI并非流于形式的炫技，而是紧扣语文要素，立足学生学情，以直观可视化的评价方式，助力学生达成学习目标，激发学习兴趣。同时，AI技术深度融入教学流程，与各环节相辅相成、层层推进，实现了技术与教学的有机融合。

这启示我们，AI赋能教育应回归教学本质，以学生发展为核心，合理选择与运用技术手段，让AI真正成为提升教学质量、推动教育创新发展的得力助手。

扫描二维码
可观看40分钟课堂实录及
15分钟同步课堂视频

第三章

智能图形启蒙：AI 赋能小学数学单元教学

——以一年级下册《有趣的平面图形（一）》为例

文：刘 畅

一 案例背景

《有趣的平面图形（一）》是北师大版（2025 年）《数学》一年级下册第六单元内容，聚焦长方形、正方形、三角形和圆形等基本平面图形的认识。作为学生首次正式认识平面图形的核心单元，其教学价值不仅在于建立基本平面图形的直观认知，更通过描、折、剪、拼、欣赏和设计等活动，体会平面图形的特征及图形之间的关系，为后续复杂图形及图形度量知识筑牢基础。本单元重点发展学生空间观念与应用意识。从实际物体到抽象的几何图形，认识图形特征，积累观察思考经验，逐步形成空间观念。引导学生用数学眼光观察生活中的图形，感受图形的应用价值。

在传统教学中，学生对图形特征的认知常停留在直观感知层面，缺乏深度探究与实践操作的联结。借助 AI 技术可突破传统教学局限。课堂上，AI 可以成为学生的好伙伴，和学生共学。

当学生遇到困难时，AI能提供个性化建议，弥补传统教学中老师难以兼顾个体差异的不足。虚拟操作场景可引导学生在拖拽、拼接中，直观感受图形的外部特征与拼接规律，让学生在具象化、游戏化的趣味互动中建立"图形特征"的初步感知，培养学生的观察辨别能力与空间对应思维，为后续深入学习图形属性奠定基础。AI技术让低学段几何启蒙真正回归"从生活到数学"的直观体验本质。

二 AI赋能单元整体教学设计

（一）高效搜索与分析，AI助力单元整体分析

AI凭借信息搜索与数据挖掘技术，可定位最新课程标准进行语义分析，抓取不同版本教材，对比编排差异，还能在专业数据库中筛选前沿论文、归纳主流观点，为教学提供理论与案例支撑，辅助教师科学构建系统的单元教学框架。

利用DeepSeek、豆包等人工智能平台，输入"一年级下册认识平面图形教学资源"，不但能快速检索教材解读、相关课件、教学视频等常规资源，AI还会依据老师的教学需求与风格，智能推荐演示图形特征的动画视频、图形认识游戏等优质内容。

（二）智能记录与分析，AI 助力学情分析

在学生前测阶段，通过 AI 提取语音数据关键词、AI 生成可视化诊断报告等，可精准定位学生认知薄弱点，为教学起点设计提供数据支撑。

以本单元前测为例，教师先通过"飞书妙记"记录学生口头回答前测问题的语音，待其自动转化为含发言人标注的结构化文本后，将该文本输入 AI。AI 会基于文本对学生前测内容进行分析，生成班级认知分布图与个体诊断报告，直观展现学生的知识掌握情况。依托这一高效的前测分析流程，教师能精准把握班级知识薄弱点与个体差异，进而科学调整教学目标，为后续精准教学奠定基础。

利用 AI 对教材进行纵向梳理，或对不同版本教材进行横向对比，并结合学生情况分析，教师最终确定单元学习主题为"动手做培养空间观念，在游戏中感受图形特征"。

（三）真实情境创设，AI 助力激发学习兴趣

"新课标"高度重视情境在教学中的重要意义，强调创设真实而富有意义的学习情境，以凸显学科学习的实践性，激发学生的好奇心、想象力与求知欲，促进学生自主、合作、探究学习。

在本单元教学中，情境创设需紧密贴合一年级学生"以直观形象思维为主、好奇心强"等年龄特点，通过沉浸式场景降低知识的理解难度，让图形认识变得好玩、丰富。

进行情境设计时，借助 AI 强大的搜索与整合能力，我们搜索到很多与图形相关的图画书故事，如《形状王国》《我的形状之旅》《图形马戏团》等。

结合一年级学生的年龄特点，我们决定对图画书故事《图形马戏团》进行改编。我们借助 AI 提取与加工了图画书中的元素，生成形象生动的人物和拟人化的图形，让学生在有趣的情境中，直观地感受图形特点。AI 还能够智能整合教学内容与情境元素，结合一年级学生的认知特点与审美偏好，生成活泼可爱的 PPT 模板。

PPT 模板

借助 AI 搜索到图画书
《图形马戏团》，教师将
其改编成课件

招聘启事

马戏团要新招
一些有才华的魔术师，
期待你们的加入！

招聘启事

此外，利用 TTSMaker 软件，AI 能够依据图形的特点，为不同图形角色精准配音，如赋予正方形沉稳有力的声音来介绍"我方方正正的"，赋予圆形俏皮活泼且带有滚动音效的语调，以展现其"能自由滚动"的特性。生动的语音进一步强化了学生对图形的感知，全方位激发学生对平面图形学习的兴趣。

我方方正正的。

（四）AI助力知识理解

AI通过动态可视化工具与交互式操作，将抽象知识转化为可感知的具象过程，助力学生在直观体验中深化知识理解与内化。以本单元为例：

学习背景	"图形马戏团"魔术展演				
基本问题	长方形、正方形、三角形和圆形分别是什么样的图形？ 可以怎样认识它们？ 图形之间有什么联系？				
活动主题	认识图形	招聘 图形魔术师	七巧板魔术秀	七巧板魔术 创意赛	图形"创意"魔 术设计与欣赏
课时安排	1	1	2	1	1
核心活动	印脚印 看脚印猜图形 给图形分类	把图形分成一 样的两部分， 用分出的两部 分拼新图形	认识七巧板 用七巧板拼图	用七巧板 拼正方形	图形自由组合 拼出美丽图案
学习目标	直观认识图形　　发展空间观念、应用意识和创新意识　　用图形进行拼图				

1. 动态操作

在"招聘图形魔术师"主题中，为帮助学生理解如何把一个图形分成"一样的两部分"，我们引导学生尝试用平板电脑上的AI工具Polypad分割图形。学生可在界面拖动长方形、圆形等图形，通过AI实时演示切割、翻转、重合等动态操作，替代传统教学中的折一折、比一比。学生尝试不规则分割，发现图形不能完全重合时，"图形等分"的抽象概念就会转化为可视化的操作经验，实现知识从直观认知到深度内化的进阶。

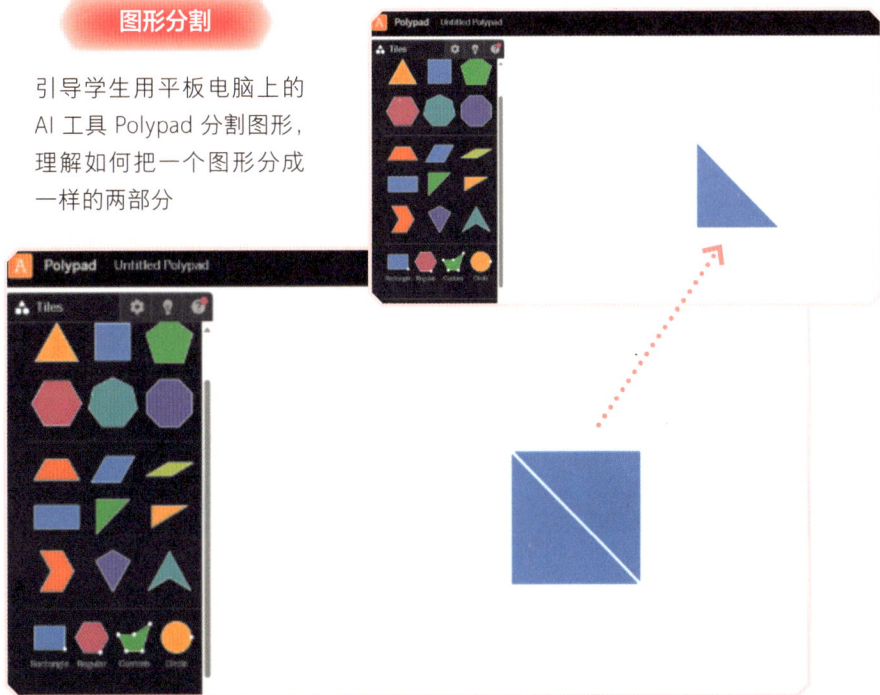

图形分割

引导学生用平板电脑上的 AI 工具 Polypad 分割图形，理解如何把一个图形分成一样的两部分

2. 知识讲解

在"认识七巧板"活动中，教师首先利用 AI 智能工具（如 ChatGPT、DeepSeek 等）精准筛选适合小学生观看的视频资源，

确保内容兼具文化准确性和视觉吸引力。AI 的个性化推荐还能延伸推送七巧板在世界各国的传播故事，进一步拓宽学生的数学文化视野，帮助学生感受中国数学文化的魅力。

一年级七巧板历史视频推荐

问 推荐一年级七巧板历史视频

答 以下是为一年级学生推荐的七巧板历史相关视频资源，内容生动有趣且适合低龄儿童认知水平：

1.《七巧板的奇妙故事》动画版（推荐平台：哔哩哔哩/央视频）

时长：5 分钟

特点：通过卡通动画形式，讲述七巧板从中国古代"燕几图"演变为现代玩具的过程，语言简单，画面色彩丰富。

2.《小手玩转七巧板》儿童科普短片（推荐平台：腾讯视频/学习强国

时长：8 分钟

特点：结合实物演示和历史插图，介绍七巧板在世界各地的传播，穿插互动提问环节。

3.国家中小学智慧教育平台　数学文化课（官方资源）

搜索关键词：七巧板的历史

内容：专为低年级设计的微课，包含七巧板起源的趣味故事和拼图示范。

3. 与 AI 共学

在"用七巧板拼图"活动中，AI 生成动画人物与学生进行互动问答，能帮助学生更好地建立实物与图形的联系，有助于学生进一步认识图形特征，丰富其思维视角。同时 AI 能生成海量七巧板图案，涵盖动物、建筑、字母、数学图形等类别。学生拼图遇到困难时，输入关键词（如"恐龙造型的七巧板"），可以得到 AI 的拼图建议。

想一想，拼成的图案像什么？

AI 生成的共学小伙伴

互动问答

拼图建议

这幅七巧板拼成的图案看起来像一只鸵鸟呢，你看它的形状，有弯弯的身体、翘起的尾巴，很有意思吧，咱们可以一起研究七巧板还能拼出哪些好玩的东西呀，比如三角形、正方形，或者其他小动物，在拼的过程中还能学习图形知识的。

淘气，这幅七巧板拼成的图案像什么？

（五）AI 助力多元游戏设计，丰富课堂活动形式

AI 凭借强大的数据处理与智能分析能力，能深度挖掘小学数学知识的趣味性元素，依据学生认知水平与学习特点，生成差异化、个性化的游戏。同时，借助动态交互技术，构建形式多样的游戏玩法，将抽象的数学知识转化为生动有趣的游戏任务，有效丰富课堂活动形式。

经典七巧板

人物拼图 199题

动物拼图 199题

符号拼图 114题

物体拼图 142题

几何拼图 199题

在"七巧板大师"软件中，不仅有经典七巧板和现代七巧板谜题拼图，更有经典和现代自由拼图，满足多样化创作需求。不同模块中有不同主题拼图任务（如人物、动物等），为不同水平的学生提供个性化挑战，使学生在游戏中加深对图形的认识。

（六）AI 助力分层作业设计，实现精准化个性教学

AI 系统基于前测数据，分析每个学生对平面图形特征的掌

据程度，将作业划分为基础巩固、能力提升和拓展创新三个层次，并随学习进展持续优化调整。

这种数据驱动的分层模式，可以确保每个学生都能按学习掌握情况进行练习，实现因材施教。

（七）AI 优化评价体系，实现"教—学—评"一体化

教学评价是教学过程中的重要环节，AI 通过多维数据采集与智能分析重构教学评价体系，实现"教—学—评"的深度融合。在小学一年级数学"认识平面图形"的教学中，AI 发挥着独特作用。

当课堂上，学生用平面图形完成拼图作品后，AI 能从多个角度进行评价。它首先会识别学生拼出的图形，如"你拼的图案看起来像一只可爱的公鸡呢！"接着，AI 会精准指出拼搭的亮点，例如"紫色平行四边形是鸡尾，蓝色小三角形当鸡脚，超有创意啊！"此外，AI 还可以针对作品提出改进建议，如建议学生拼搭小猫时，把小三角形的钝角朝小猫身体外侧摆，让猫尾巴向上翘一点儿能更显俏皮。通过有趣且具体的评价反馈，学生不仅能够感受图形拼图的创作乐趣，还能在动手实践中进一步体会平面图形的特征。

三 教学启示

（一）加强 AI 技术学习

教师是 AI 赋能教学的关键实施者，其 AI 技术应用能力会直接影响教学效果。小学教师应努力提升自身的 AI 技术素养和应用能力。自学 AI 工具的使用方法，如 AI 搜索引擎、AI 绘图工具、在线教学平台等；了解 AI 数据分析的基本原理和方法，能运用 AI 生成的教学数据；掌握 AI 与教学融合的设计方法等。

（二）注重保护学生隐私

在 AI 应用过程中，会涉及大量学生的个人学习数据，如学习行为数据、作业数据、考试成绩等。教师和学校必须高度重视学生的隐私保护，采取必要的技术措施和管理措施，确保学生数据的安全。例如，选择具有安全保障的 AI 教育平台和工具，签订严格的数据保密协议；对学生数据进行加密处理，限制数据访问权限，只有授权人员才能查看和使用学生数据；在使用学生数据进行教学分析和研究时，要遵循匿名化和最小化原则，避免泄露学生个人信息。

（三）避免过度依赖 AI

虽然 AI 在小学数学教学中具有诸多优势，但教师不能过度依赖 AI 技术。AI 只是教学的辅助工具，不能完全替代教师的作用。在教学过程中，教师应始终发挥主导作用，根据教学内容和学生实际情况，合理选择和运用 AI 技术。例如，在课堂教学中，教师要注重与学生的情感交流和互动，关注学生的学习状态和心理需求，及时给予学生鼓励和指导，这些都是 AI 无法替代的。同时，教师要对 AI 生成的教学资源和教学建议进行批判性思考，结合自己的教学经验和专业知识，进行筛选和优化，确保教学的科学性和有效性。

（四）关注学生个体差异

AI 虽然能够根据学生数据进行分层教学和个性化学习支持，但在实际教学中，教师仍要关注学生的个体差异。除了学习成绩和能力水平的差异外，学生的学习风格、兴趣爱好、性格特点等方面也存在差异。教师要在 AI 分析的基础上，通过课堂观察、与学生交流等方式，深入了解每个学生的特点和需求，为学生提供更具针对性的教学服务。对于性格内向、不善于在课堂上表达的学生，教师可以通过课后一对一辅导方式，帮助他们解决学习中遇到的问题，增强他们的学习自信心。

AI技术在"认识平面图形"教学中的应用，展现了教育信息化的发展方向。通过智能诊断、互动游戏、虚拟实验等创新形式，AI有效激发了低龄学生的学习兴趣，培养了学生的空间观念和数学思维。

在单元实践中，AI贯穿于单元整体建构、学情分析、情境创设、课堂教学、作业设计和教学评价等各个环节，显著提升了教学质量和效率，促进了学生数学核心素养的发展。

展望未来，随着AI技术的进步，小学数学教育将迎来更加智能化、个性化的发展。AI技术将在智能辅导、虚拟实验、跨学科整合等方面发挥更大作用，为学生创造更优质的学习环境。但需要明确的是，技术始终是服务教育的工具，教师的教育智慧与人文关怀才是教学成功的关键。我们既要积极拥抱技术创新，也要理性应对AI技术在教育应用中的挑战，不断探索人机协同的最佳模式，推动小学数学教学改革向更高水平迈进，为培养未来社会需要的创新型人才奠定坚实基础。

扫描二维码
可观看40分钟课堂实录及
15分钟同步课堂视频

第四章

看见世界：
AI助力英语文化课堂
——以六年级下册《Colourful Seasons, Wonderful Beijing》为例

文：魏秀敏

一 案例背景

《义务教育英语课程标准（2022年版）》指出：英语教学需强化中华文化认同，培养文化自信，实现语言与思维协同发展，拓宽学生认知世界的视角。教学应立足学生的兴趣与经验，围绕实际问题，坚持"学用、课内外、学科融合"，开展综合实践，提升核心素养。同时，要重视现代信息技术应用，构建信息化教学环境，开发优质资源，助力学生自主学习。

2025年3月7日，北京市教委发布《北京市推进中小学人工智能教育工作方案（2025—2027年）》，聚焦AI"助教、助学、助育、助评、助研、助管"六大领域开拓应用场景，强调小学阶段以体验式课程启蒙人工智能思维。为本案例中的AI与英语学科融合提供了政策支撑。

二 语篇分析

人教版（一年级起点）《英语》六年级下册第五单元"Nature and Culture（自然与文化）"以杰克的加拿大游学经历为线索，涵盖三个复习课（季节、节日、动物）。

Lesson 1 围绕季节话题，通过对话和短文复习与天气、活动相关的词汇，让学生了解不同地区季节的特点和天气状况，以及人们在各季节的活动。

Lesson 2 聚焦节日，借助听力和阅读，巩固相关表达，使学生熟悉不同节日的文化内涵和庆祝方式。

Lesson 3 以"动物越冬"为主题，整合自然知识，形成"自然—文化—生活"的认知链条，让学生认识到自然现象与人类文化、生活的紧密联系。

三 学情分析

（一）生活经验

本单元"自然与文化"话题贴近学生生活。学生对北京四季天气特征、相关活动及传统节日有基础认知，但对地域文化差异、节日深层内涵理解较浅，需深入引导；他们对动物冬眠现象有概念，但对"为何冬眠"等科学知识缺乏了解。

（二）认知与学习特点

六年级学生已掌握一些自然与文化相关基础词汇和简单句式，求知欲强，喜爱生活化话题与合作活动，具备一定分析归纳能力和英语交流习惯，在小组合作中能有效互动，且乐于表达个人观点。这种学习特点为 AI 融入教学活动提供了良好的基础。

（三）学生 AI 技术应用基础与学习需求分析

对本校六年级两个班学生的调研显示，96% 的学生能熟练操作平板电脑，71% 的学生使用过豆包等 AI 工具，82% 的学生认可 AI 在查资料、学单词方面的辅助作用。但仅 30% 的学生接触过 AI 写作辅助工具，对 AI 在写作思路启发、内容优化等方面的体验较少，用 AI 技术辅助学习还有进一步探索空间。

AI 可通过提供多元语料、文化资源及知识解析，助力学生拓宽文化视野并深化自然认知，满足学生在知识拓展和技能提升方面的需求。

四 教学思考

（一）AI技术突破教学重难点

本单元重难点为文化差异理解与跨文化交际。借助AI检索资料，能辅助学生在写作中准确描述"北京特色活动与季节的关联"；利用AI搜索中外节日习俗（如中秋赏月、感恩节火鸡宴），形成可视化对比资料，引导学生提炼跨文化表达句式。

在自然知识方面，通过AI查询动物越冬行为，以表格形式梳理"季节变化—动物习性—人类活动"逻辑链，突破自然与文化关联的认知难点，帮助学生更好地理解自然现象与人类文化、生活之间的关系。

（二）AI技术优化教学实施

在教学过程中，合理把控AI使用时长，确保AI技术辅助与学生自主探究的平衡。规范AI提问流程，明确"自主思考""拟定问题""筛选信息""验证结论"等步骤，避免盲目检索。课后借助AI作文批改系统，助力学生完成知识输出。帮助学生掌握高效使用AI工具的方法，实现技术与教学的深度融合。

五 教学设计

（一）内容分析

本节课是该单元的第一课，围绕自然主题中的季节展开，通过多种形式的学习活动，让学生了解不同地区季节的特点、天气状况以及人们在各季节的活动。本节课从加拿大多伦多的季节引入话题，融合天气、活动和文化，内容层层递进。

教师的思考

1. 基于北大附小与加拿大友好学校的研学合作（每年安排5至10周插班学习），本节课将情境设定为附小学生Jack（杰克）赴加拿大研学，授课时将人物替换为两校学生。

2. 针对学生对北京四季特色描写细节不足的问题，借助AI检索并展示能代表北京四季的关键词，助力学生对本土四季的认知，实现精准化、个性化语言输出。

（二）教学目标

通过本课时的学习，在模拟"加拿大研学"的情境中，完成以下4个目标：

1. 听懂加拿大小朋友谈论多伦多的四季，完成匹配任务，并能参与谈论多伦多四季的交流。（学习理解，应用实践）

2. 读懂对北京四季的简单介绍，并能根据描述框架，梳理北京四季的基本特点并尝试描述。（学习理解，应用实践）

3. 通过前置作业、合作探究、AI辅助工具等形式，补充有关北京四季的信息，便于加拿大的小朋友更好地了解北京的四季，

提高自主探究和信息综合处理能力。（迁移创新）

4. 能综合运用本单元词汇、句式，以英文短文的形式描写我最喜欢的北京的某一季节，提升跨文化写作能力。（迁移创新）

（三）教学实录

Lesson 1 Colourful Seasons, Wonderful Beijing

环节一：热身与复习

季节猜谜互动

教师呈现写有季节特征的谜面，如"积雪覆盖""能看到树荫与冰激凌"，引导学生猜测季节并说出原因。

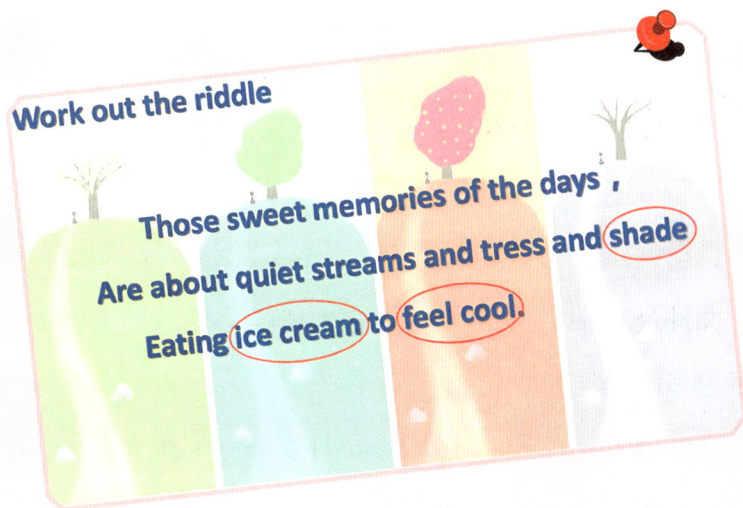

谈论自己最喜欢的季节和原因

教师提问："What's your favorite season? Why?"激发话题联想。

学生分享自己最喜欢的季节和原因：

I like summer, because I can eat ice cream.

I like winter. I can make a snowman.

设计意图：通过简单的问答，复习季节和相关活动的词汇，激活学生的储备知识，巩固季节相关表达。

环节二：情境构建——多伦多四季探索

介绍情境

课件呈现学生 Jack 正在加拿大研学，他的朋友们向他介绍多伦多的天气和活动：

This is our classmate, Jack. His friends are introducing Toronto's seasons.

AI 辅助连线任务

播放 AI 合成的听力录音，布置连线任务：

Match seasons with activities of Jack's friends.

A Listen and match.

Ted, Tina, Tony and Sherry are talking about their favourite seasons.

组织小组讨论

基于 AI 生成的听力材料，做如下讨论：

What's Leo's favorite season? Why ?

设计意图：通过引入 Jack 在加拿大研学的情境，增加学生的亲切感。通过听力连线，培养学生获取关键信息的能力。借助谈话，引出描述季节的话题。

环节三：框架梳理——北京四季初认知

梳理描述季节的框架

教师提问："If you were Jack, how to introduce Beijing's seasons to Emma?"引导学生思考从天气、活动等方面介绍北京的季节。

播放音频，复述文本大意

教师播放介绍北京四季的音频，学生听文本录音，说出大概内容，提高听力理解能力。

阅读文本，提取关键信息

学生阅读文本，引导学生从天气、活动等方面谈论北京的四季，进一步加深对文本的理解。

· Circle the weather words.

· Underline the activities.

Beijing has four different seasons. It is very hot in summer, so I like to go swimming. I sometimes go to the countryside near Beijing, too.

Autumn is very nice. It's cool, and the sky is blue. I like to play sports with my friends. We have Mid-Autumn Festival in this season. We can eat delicious mooncakes then. The autumn in Beijing is quite short.

Winter is long and cold. I like to make snowmen with my friends. I also eat a lot of spicy food, like hot pot.

My favourite season is spring. It's warm and there are many beautiful flowers to see. This season is a good time to fly kites. I really like to fly kites with my friends in spring.

提供展板，贴关键词

教师引导学生将北京四季的关键词贴在展板上，帮助学生梳理和总结信息。

设计意图：在初步了解北京四季后，培养学生提取、整理信息的能力，并形成描述季节的框架。

环节四：AI 辅助深度探究——北京四季资源拓展

教师交代任务情境：Jack 的加拿大同学 Emma 要来北京游玩，同学们通过 AI 准备材料，帮助 Emma 了解北京四季分别可以去哪些地方、参加什么活动。

师生共同补充北京春季的游览地及相关活动

教师呈现 AI 生成的"故宫红墙花影""海淀公园放风筝"等场景，引导学生结合图像补充活动描述。

学生根据图片和自己的经历，说一说春天可以在北京游玩的地点及活动。如：

S1: In spring, it's warm and windy in Beijing. You can see many pink flowers in the park. I like flying kites with my dad!

S2: Visit Yuyuantan Park! There are lots of cherry blossoms.

S3: Beihai Park is great in spring. I want to go boating there!

示范春季补充

教师示范春季描述框架，如：It's warm. It's a good time to row a boat in Beihai Park. 为学生提供写作参考。

小组合作——AI 检索北京四季的活动

教师组织学生使用 AI 工具检索北京四季的活动。

关键词展板互动

教师组织学生将"北京四季活动"的关键词整理后贴在展板上，形成可视化框架——"Use iPad to find more activities."

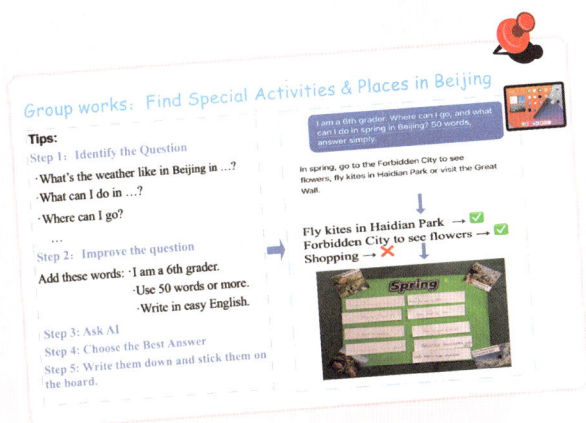

学生借助平板电脑查找并写下更多有关北京不同季节可以游玩的地方及活动，并粘贴在展板上。

分享展板上的信息

教师邀请小组代表介绍展板上的信息，其他成员补充介绍。

请学生浏览展板信息

教师引导学生观看展板信息，加深对北京四季的了解。

■■■■■■■■■■■■■■■■■■■■■■■

设计意图：在任务情境的引领下，借助前置作业和 AI 工具，分组查找并总结北京不同季节更多好玩的地方及活动，通过浏览展板内容弥补信息差，加深对北京四季的认识，为后续表达奠定坚实基础。

环节五：创意表达——季节作文与 AI 生图

AI 生图辅助作文创作

学生调整座位，选择自己最喜欢的季节，并坐在对应展板附近，参考展板上由 AI 生成的素材进行写作。写作完成后筛选最优方案，并启动 AI 生图功能，生成三幅匹配图片，投影展示作文与图像。

■■■■■■■■■■■■■■■■■■■■■■■

设计意图：调换座位，方便学生参考展板上的信息，丰富学生的表达。生成图片可以激发学生表达的欲望，增强学习动力。

环节六：小结与作业

引导课题生成

教师提问："What have we learned today?"

和学生共同提炼主题：Colourful seasons，Wonderful Beijing.

总结本课所学内容。

布置分层作业

必做：朗读课本中 C 项文本、AI 批改作文。

选做：扫描二维码获取 AI 生成的哈尔滨、上海、西安等城市的四季音频及文本资料，为下节课分享做准备。

设计意图：通过成果可视化增强学习成就感，借助跨地域任务拓展文化视野，满足不同学生的学习需求。

六 特色学习资源分析、技术手段应用说明

（一）AI 深度融入教学的创新

1.AI 辅助备课与资源开发

备课增效：拓宽资源边界

教师备课中借助 AI 工具检索，极大地丰富了教学素材的获取渠道，使教学内容更生动、丰富。

资源整合：AI赋能沉浸式教学体验

在资源整合时，深度运用AI录音功能打造沉浸式资源。围绕"我最喜欢的季节"主题，针对长城徒步、奥林匹克森林公园骑行等北京春季活动，用AI生成带背景音乐的解说音频，与图文、视频融合，将静态课件转为视听素材，帮助学生感受北京春日魅力，提升课堂参与度。

作业创新：填补资源空白，实现多感官学习

在作业布置环节，用AI语音合成技术生成可扫码获取的标准读音，通过多感官学习增强理解。

2.情境优化：智能图像生成，增强课堂代入

人物图像智能转换

在情景创设中，可以借助AI工具优化听力连线环节的图像素材。例如使用AI工具将课本中连线学生的侧脸图转为真人正脸图后，显著提升了学生的课堂参与感与作答准确率。

Listen and match.

Leo, Molly, James and Emma are talking about their favourite seasons.

Molly　Leo
James　Emma

场景精准生成

在展示北京春季美景时，可以借助 AI 工具，快速生成能表现"红墙花影"的图像，输入"北京故宫红墙、覆盖盛开的桃花、柔和阳光透过花枝"等指令，筛选最优图片，可以帮助学生直观感受地域景观，提升教学吸引力。

3. 交互培养：精准提问训练

在试讲中发现，学生在向 AI 提问时缺乏清晰的身份定位和需求界定，问题过于宽泛模糊，导致获取的有效答案仅为 30%。

通过示范教学，老师指导学生明确身份定位（如"我是六年级学生"），细化需求边界（如"50 至 80 词以内、简单表述"），并将宽泛问题拆解为具体细节。经过训练，有效答案获取率提升至 85% 以上。学生掌握了精准提问的技巧，信息检索能力得到强化，使用 AI 工具学习的效率得到提高。

学生初始提问："Where can I go, and what can I do in Beijing in summer?"AI 回答涵盖了丰富多样的活动，但表述较为复杂，学生可能会被众多信息和复杂句子绕晕，难以提取关键内容。

I am a 6th grader. List more activities. Where can I go, and what can I do? The English should be easy, and 80 words.

- **Beijing Aquarium:** Watch colorful fish and exciting dolphin shows.
- **Chaoyang Park:** Fly a kite, ride a bike, or have a picnic on the grass.
- **Nanluoguxiang:** Walk around, try yummy snacks like stinky tofu and sugar-coated haws.
- **Beijing Ancient Observatory:** Learn about old-time astronomy and look at telescopes.

精准提问后

Where can I go, and what can I do in Beijing in summer?

引用4篇资料作为参考 >

In summer, there are many places for 6th graders to visit and things to do in Beijing:

- **Historical and cultural sites**: Visit Tiananmen Square to watch the flag-raising ceremony and feel the solemn atmosphere. Explore the Forbidden City to learn about the lives of ancient emperors. Climb the Great Wall and experience its majesty and grandeur.

- **Parks and nature reserves:** Go to Beijing Zoo to see various animals and watch animal shows. You can also visit Beijing Botanical Garden to admire different plants. In addition, parks like Nanhai-zi Park and Yeya Lake National Wetland Park are good choices. You can enjoy the beautiful natural scenery and learn about the ecosystem.

Museums and cultural institutions: Go to the China Science and Technology Museum to explore scientific knowledge and experience interactive exhibits. Visit the National Library of China and read books in the children's reading area. You can also go to the Beijing Planetarium to learn about astronomical knowledge and watch sky shows.

Fun-filled places: Have fun at the Water Cube, which has a water park and swimming pool. You can also go to Beijing Happy Valley or Shijingshan Amusement Park to experience exciting rides. For those who like movies, Beijing Universal Studios is a great choice.

Food-tasting areas: Go to Nanluoguxiang to taste traditional Beijing snacks such as cheese and candied haws. You can also try the famous Wuyutai tea-flavored ice-cream or Beijing Daoxiangcun's 2-8 sauce ice-cream.

第一次引导改进：聚焦关键信息，简化表述，并提示 AI 调整语言难度。如："What interesting things can we do in summer in Beijing? I am a sixth grader. Please use the simple words."（80 words）

What interesting things can we do in summer in Beijing? I am a sixth grader .Please use the simple words. （80 words）

In summer in Beijing, you can go to the Summer Palace to enjoy the beautiful scenery and row a boat. You can also visit the Forbidden City to learn about history. Go swimming in the pool to cool off. And don't forget to eat delicious ice cream. Besides, you can attend some music festivals or outdoor activities in the parks.

第二次引导改进：根据答案反馈，调整提问角度至具体细节："Which swimming pool is the most fun in Beijing ?Answer simply. "（30 words）

Which swimming pool is the most fun in Beijing? Answer simply.（30 words）

Water Cube Water Park is quite fun, offering a variety of exciting water slides and activities.

（二）创意呈现：图文智能转化

    利用 AI 生图功能将学生作文转化为图片，实现文字具象化，赋予了课堂更多的活力。未来可以探索如何更好地引导学生与 AI 协作，让生成的图片更符合学生的需求，提升图像生成的精准度，进一步提升教学效果。

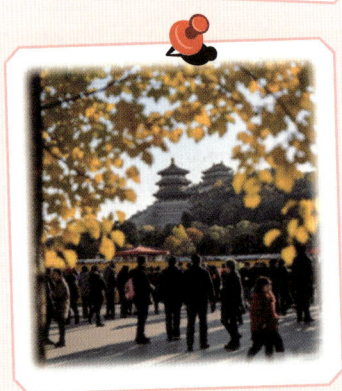

（三）写作赋能：技术辅助提升，规避思维依赖

写作环节引入 AI 辅助修改。为避免学生过度依赖 AI，可采取"自主修改—AI 优化—对比学习"模式，引导学生在对照中掌握写作技巧，实现技术辅助与自主思考的平衡。

My Favourite Season

My favourite season is autumn. It features a cool and dry climate with significant temperature variations between day and night. Under the pleasant weather conditions, outdoor exploration in the city is a delight. The captivating scenery, such as the vivid red leaves, adds to the charm. Hiking on the Badaling Great Wall is also a wonderful option.

I particularly enjoy going hiking with my friends. It allows me to fully immerse in this short-yet-wonderful autumn time.

图 2

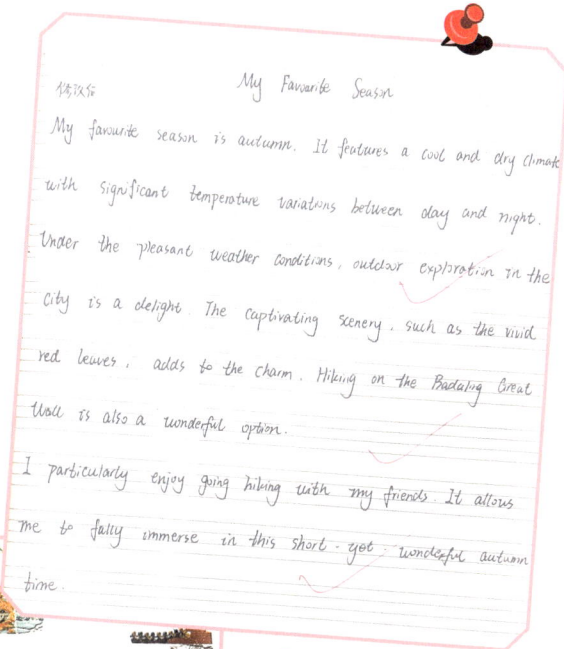

My Favourite Season in Beijing

My favourite season is winter in Beijing.
It's cold and dry. There're many special activities we can do. We can go ice skating, see the snowfall. And also to celebrate the Spring Festival. It's a good time to eat dumplings and learn how to make dumplings. I really like winter in Beijing. What a wonderful season!

Writing Checklist

AI 修改后：
① engage in.
② Moreover, winter in Beijing is also filled with the warmth of traditional festivals. We can also celebrate…

自主修改

AI 修改

图 1

图 1：作文自主修改和 AI 修改痕迹，学生的写作得到了优化

图 2：誊抄修改后的作文，AI 辅助修改后文本规范度与内容逻辑性得到双重提升

（四）AI助力教学的成效与思考

AI在英语教学的备课、情境创设、交互培养等环节中成效显著，如拓宽备课资源、增强课堂代入感、提升学生信息素养与写作能力等。不过，教学应用时不能完全依赖AI生成图片，需教师主导、师生协同创作。AI为英语教学带来机遇。未来，我们应深挖其潜力，助力培养学生创新思维。

总之，AI技术在英语教学中前景广阔、潜力巨大。合理运用可突破教学重难点，优化教学质量，提升学生综合素养。未来需持续探索创新，发挥AI优势，利用AI技术为英语教学注入新活力。

扫描二维码
可观看 **40分钟课堂实录** 及
15分钟同步课堂 视频

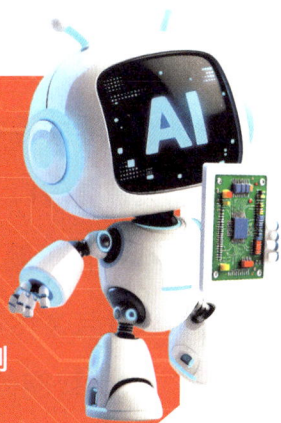

第五章

AI 虚拟实验室：让科学思维具象生长

——以四年级下册《电路出故障了》为例

文：李 彤

一 案例背景

在数字技术重塑世界的进程中，AI 正悄然推动着人类认知范式的革新。这项以模拟人类智能为核心的科学，正在编织一张连接人类智慧与数字文明的神经网络。

如今，AI 在教育领域的应用越来越多，特别是在辅助学生个性化学习、丰富课堂形式与内容、协助教师课程设计等方面发挥了独特的作用。

AI 渗透教育领域，传统课堂的物理边界逐渐虚化。云端知识库全天候向求知者敞开，自适应学习系统如同精准的导航仪，为每个学生绘制专属的认知地图。教师的工作场景也正发生深刻转变——学情分析平台将教学决策转化为数据驱动的艺术，虚拟仿真实验室让抽象知识可视化，增强现实技术令历史场景触手可及。

科学教育是提升国家科技竞争力、培养科技创新人才、提高公民科学素养的重要基础，也是发展新质生产力、推动科技强国建设的关键突破口。在 2024 年 1 月举办的世界数字教育大会上，教育部部长怀进鹏表示："智能化是教育变革的重要引擎，为推动科学教育与文化教育有机结合，服务人的全面发展创造了无限可能。"人工智能的快速发展必然成为推动科学教育变革的重要力量。

二　AI 在科学教育中的应用

虚拟实验室

AI 可以创建虚拟实验室，为学生提供安全、便捷的实验环境。学生可以在虚拟环境中进行各种实验操作，不受时间、空间和实验设备的限制。例如，学生可以在虚拟实验室中模拟各种化学反应、观察实验现象，深入理解化学原理。

智能辅导系统

利用 AI 技术开发智能辅导系统，能根据学生的学习情况提供个性化的辅导。系统可以实时监测学生的学习进度和掌握程度，针对学生的薄弱环节提供有针对性的练习和讲解。例如，当学生在理解某个物理概念出现困难时，智能辅导系统可以提供详细的解释和相关的案例分析，帮助学生理解。

教学资源推荐

AI 能够根据教学内容和学生的兴趣，为教师和学生推荐合适的教学学习资源。教师可以获取更多优质的教学素材，如课件、视频等；学生可以找到适合自己水平的学习资料，拓宽学习渠道。

三 教学案例

在小学阶段，电流、分子运动等抽象概念一直是学生学习的难点。传统教学依赖静态图示与语言描述，学生难以突破"不可见现象"的认知壁垒。借助 AI 技术，具象化展示让孩子们的学习更轻松、更深入。在教科版《科学》四年级下册《电路出故障了》一课中，教师以 AI 为认知脚手架，让学生在"看见电流"的过程中建构系统与模型思维，同时坚守"真实实验不可替代"的教育本质，进行虚实结合的创新设计。

本课主要包括三部分：一是在明确回路概念的基础上整理电路故障的原因，并寻找排除故障的方法；二是做一个电路检测

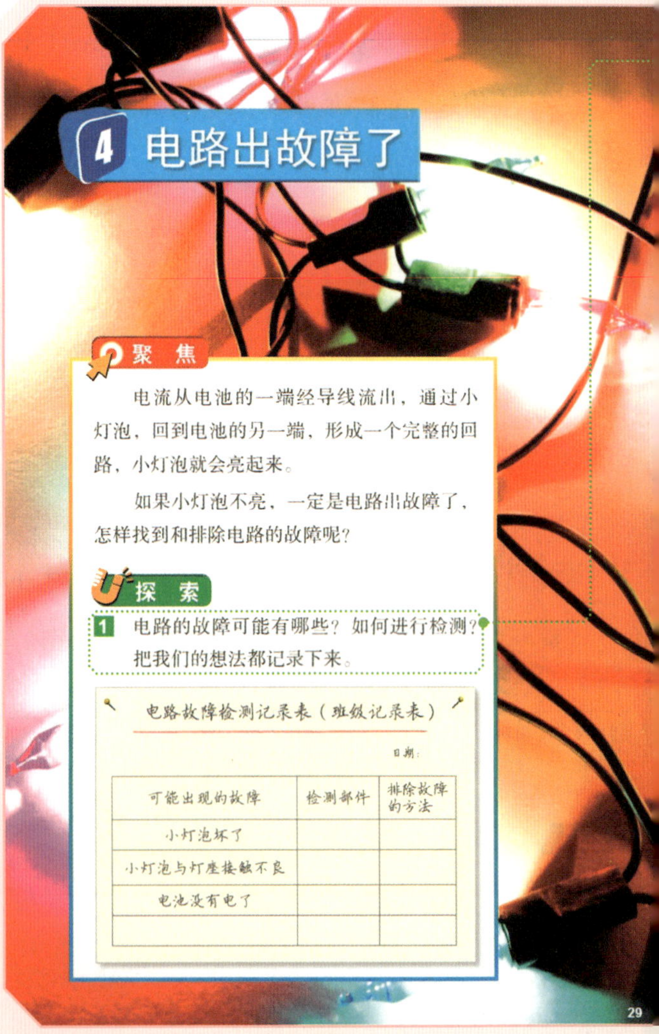

4 电路出故障了

聚焦

电流从电池的一端经导线流出，通过小灯泡，回到电池的另一端，形成一个完整的回路，小灯泡就会亮起来。

如果小灯泡不亮，一定是电路出故障了，怎样找到和排除电路的故障呢？

探索

1 电路的故障可能有哪些？如何进行检测？把我们的想法都记录下来。

电路故障检测记录表（班级记录表）

日期：

可能出现的故障	检测部件	排除故障的方法
小灯泡坏了		
小灯泡与灯座接触不良		
电池没有电了		

29

器,体验基于"电路是个回路"这一原理的更高效的问题解决办法；三是排查电路并排除故障。

　　学生通过前三节课的学习和知识积累，已初步掌握了闭合回路的基本概念，并能进行简易电路的设计与连接。

2 做一个电路检测器

把简易电路中的开关拆除后，就形成了一个电路检测器。

● **提 示**

每次检测前，先将两个检测头互相接触一下，看看小灯泡能否亮起来。不能用电路检测器检测家用电器的电路。

3 每个小组检测一个有故障的电路，找出故障原因并排除。同时，将《电路故障检测记录表》补充完整。

▶ **活动手册**

研 讨

交流检测情况。电路中的哪一部分出了故障，你是怎么知道的？又是怎么排除的？

推测电路故障的原因并初步提出解决方法

探究电路检测器的制作方法

找出电路中的故障并排除

为了更有针对性地开展教学，了解学生对电路故障原因及其检测方式的认识，教师对学生进行了课前测，设置问题如下：

1. 以下电路中小灯泡不亮，你觉得可能的原因有哪些？

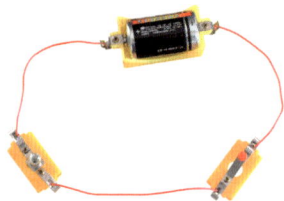

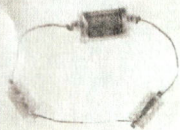

2. 用哪些办法能检测电路故障的原因？

3. 请你利用一个小灯泡、三根导线和一个电池设计一个电路检测器，画出你的设计图并说明它的使用方法。

故障原因

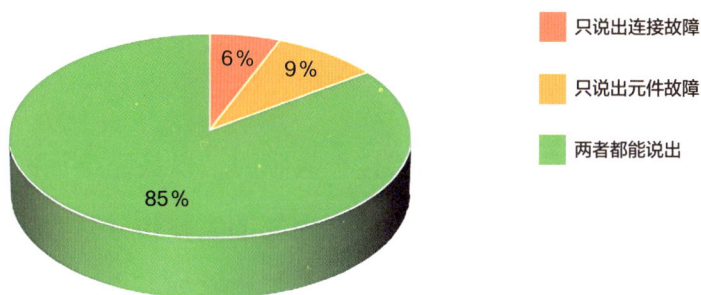

- 只说出连接故障
- 只说出元件故障
- 两者都能说出

能否说出有效的故障排查方法

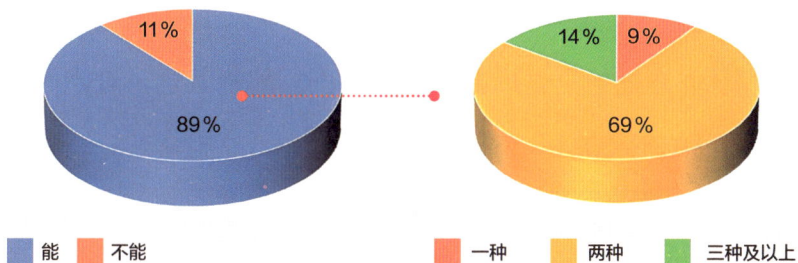

- 能　不能
- 一种　两种　三种及以上

　　结果显示，85% 的学生能关注到连接问题和电路元件问题两方面。89% 的学生能够描述出排查电路故障的有效方法，其中 69% 的学生能想到使用检测法和替换法两种方法，小部分同学能够提到检测法。同时教师通过课前测了解到，大部分学生并不了解用什么检测及如何检测，还有部分学生仅能想到使用检查法或替换法中的一种。

针对学生理解电路检测器工作原理的认知难点，本节课以AI动态电流可视化为核心突破工具，通过"现象观察—原理具象化—规律归纳"三阶支架设计，将电流路径与检测逻辑转化为显性可交互的认知界面。

当学生使用电路检测器排查故障时，以高亮电流路径动画同步呈现电流在待测元件与检测器内部的完整传导过程。例如，在检测疑似故障的灯座时，学生可直观观察到：当检测器正确接入闭合回路，电流从正极经灯座触点流回负极，灯泡图标同步点亮；若触点氧化导致接触不良，AI将标记电流在氧化层受阻形成"湍流波纹"，并叠加检测器内部等效电路图，解析其通过灯泡明暗判断电路通断的工作原理。

本节课基于AI与真实实验的共融，采用了"问题驱动"的教学策略，以"如何解决电路故障"作为挑战性问题，构建了"发现问题—分析问题—解决问题—迁移反思"的学习路径。教学流程分为五大环节：

环节一：提出问题

根据现象，聚焦主题，引导学生思考问题解决方法，激发探究兴趣。

环节二：分析问题

本环节是这节课的重点环节，在学生已有认知的基础上，运用分析与综合、比较与分类、归纳等思维方法，帮助学生梳理故障类型、排查方法和排除方法，最终形成系统的问题解决思路。通过 AI 的智能评价，对学生的解决方案给予实时、具体、个性化的评价与辅导，进一步促使学生从"经验试错"转向"系统分析"，逐步建立"观察—假设—验证—归纳"的科学思维闭环。

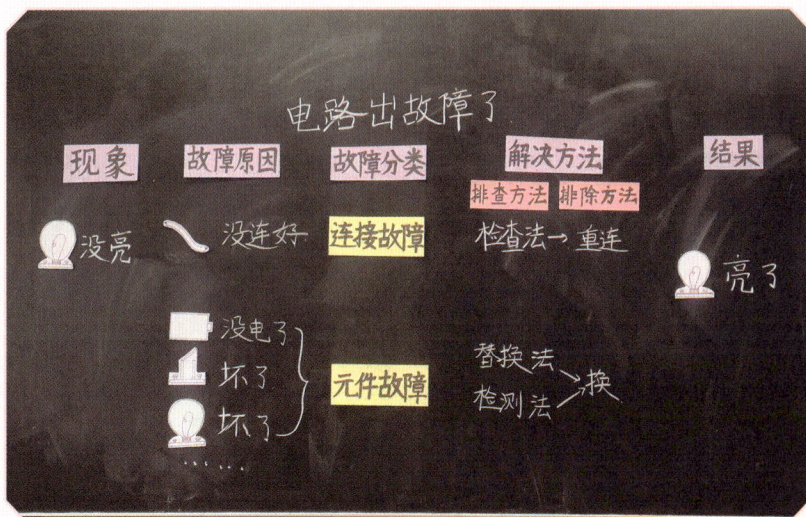

环节三： 虚拟实验

在这一环节给予学生充分的自由探索空间，通过试错，让学生自己建构电路检测器的正确使用方式，理解电路检测器的原理，也再次强化学生对闭合回路的认识与应用。

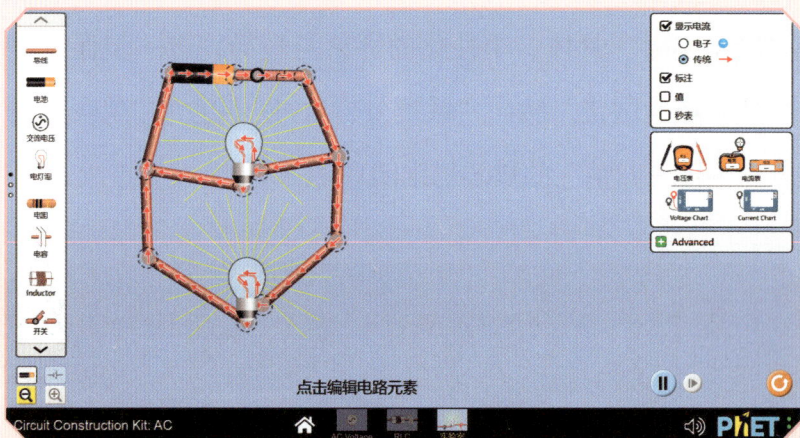

学生借助 AI 虚拟实验尝试不同的电路连接方式

环节四：制订计划并实施

学生基于上述几个环节，总结并制订真实故障排除计划，并通过实际操作排查故障点并修复电路，体验完整的问题解决过程。这种"虚拟指引—实体验证"的设计，既能利用 AI 降低认知负荷，又能培养学生的系统思维与工程实践能力。

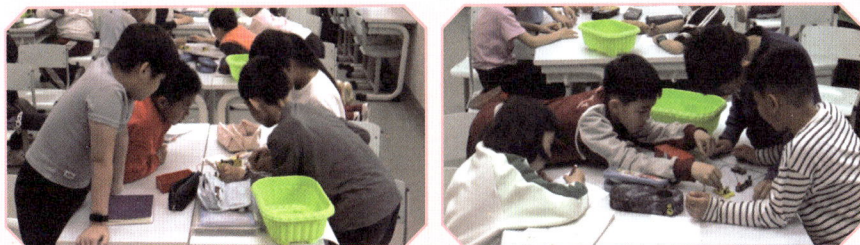

环节五：研讨交流

该环节旨在引导学生对问题解决过程进行全面、深入的复盘，强调计划对于高效解决问题的关键作用。

在本节课中，AI 的融入主要解决了以下几个问题：

1. 动态建模让电流"看得见"

当学生在虚拟实验室连接电路、使用电路检测器排查故障时，系统实时生成电流、灯泡亮度变化等动画。这种动态建模将抽象的电荷运动可视化。

理解电路检测器的原理是本节课的难点。传统教学中，教师通过静态图示或语言描述难以让学生真正了解并判断电路检测器中小灯泡为什么亮或不亮。引入 AI 之后，学生能直观看到每次检测时电流的流向并找到闭合回路，帮助学生理解"检测器本质是构建替代闭合回路"的原理。

2. 虚拟实验室实现安全快速试错

根据"有效失败"理论，在解决问题时，先让学生经历有引导的失败探索，再通过结构化教学提炼正确概念，可以促进学生在深度理解和迁移能力方面的发展。在传统教学中，由于时间限制、操作安全等因素，教师难以组织学生在课上尝试多样化的解决方案。

引入 AI 之后，在动手操作前，学生可以通过虚拟实验室高效试错。如在《电路出故障了》这节课中，学生难以理解为什么使用电路检测器检测元件之前必须断开电路。在实际操作中如果忘记断开电路，会导致检测结果出现问题。虚拟的试错实验既规避了真实风险，又给了学生充分的探索空间。

3. 智能诊断学生故障排查方案

本节课的学习目标是让学生通过学习，形成系统的故障排查思路。因此课后要求学生整理课堂实验记录，撰写一份《电路故障排除报告》，包含以下内容。

- 故障现象（如灯泡不亮、部分熄灭）
- 排查步骤（初步检查、使用电路检测器、定位故障点）
- 解决方案（如何修复故障）
- 反思（闭合回路的重要性、排查方法的优化建议）

将抽象的电磁学原理转化为四年级学生可理解的动画，打破了学生的认知瓶颈。在课堂组织上，通过虚拟环境模拟、学生试错，给学生提供了充分的探索空间，促进了学生对本课知识的深度理解与迁移。在教学设计上，并非用 AI 替代实验，而是用 AI 延伸了探究的深度。在传统课堂中，学生往往止步于"检测故障，解决问题"；而 AI 的引入促使他们追问"故障是如何被检测出来的"，推动思维从操作层面向原理层面跃迁。

本案例试图提供一条 AI 融合科学教育的路径：以真实问题为锚点，用虚拟工具突破认知瓶颈，最终回归现实实践验证。在这个过程中，AI 既不是炫技的噱头，也不会替代实验，而是充当着"认知显微镜"的角色——AI 技术放大了微观现象，却从未改变科学探究的本质。

四 AI 在科学教育中发挥的作用

提高教学效率：AI 可以自动处理一些烦琐的教学任务，如统计成绩等，让教师有更多时间和精力投入到教学设计和学生指导中。同时，智能辅导系统可以及时反馈学生的学习情况，帮助教师能够快速调整教学策略。

增强教学趣味性：虚拟实验室和智能教学游戏等 AI 应用，使科学教学氛围更加轻松、生动、有趣，能够激发学生的学习兴趣和积极性，提升学习效果。

促进个性化教学：AI 能够根据学生的学习特点和需求，提供个性化的学习方案。每个学生都可以按照自己的节奏进行学习，弥补自己的不足，发挥自己的优势，实现个性化的发展。

五　AI 助力科学教育的挑战与应对举措

新技术的尝试必然面临着挑战，当我们憧憬着 AI 为教育赋能时，AI 也可能带来教学结果的"负能"。

如果过度依赖 AI，可能降低学生的实际动手能力，甚至影响学生科学思维的提升。如果学生对虚拟科学实验或实践的依赖性增加，缺乏真实实验和观察的机会，将影响他们对科学的理解和动手能力的培养。另外，AI 在教育评价上的可靠性和有效性也有待观察。

AI 技术为科学教育提供了充满想象力的变革机会。但是，其边界还有待探索。我们需要解答以下两个问题：

1. 如何基于提升学生科学素养的价值取向把握应用 AI 技术？

2. 什么样的 AI 技术是满足学生未来发展需要的技术，能够真正助力科学教育？

因此，要构建 AI 时代的科学教育新生态，需要把握三个维度：

1. 在技术层面建立伦理护栏，确保 AI 始终服务于教育本质；

2. 在实践层面培育师生数字素养，使人成为技术的驾驭者；

3.在哲学层面坚守人文内核，让技术温暖而非异化教育过程。

教育AI化的进程，本质上是人类对更好的教育形态的不懈追求。这要求我们既保持技术创新的锐气，又具备守护教育初心的定力。

AI在科学教学中具有巨大的应用潜力。通过合理利用AI技术，可以解决传统科学教学中存在的一些问题，提高教学质量，促进学生全面发展。但在应用过程中，我们也要关注其可能带来的负面影响，确保AI与科学教学的融合能够真正造福于学生和教育事业。

未来，我们希望借助AI增强学生在科学情境中的具身体验，推动其科学能力的全方位提升，引导其科学身份的协同生成。

扫描二维码
可观看40分钟课堂实录及
15分钟同步课堂视频

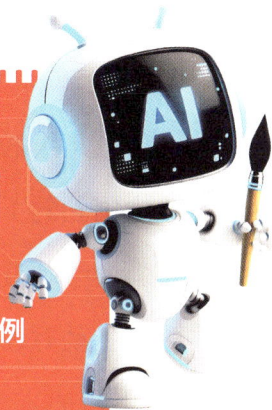

第六章

AI 技术在小学中国画教学评价中的运用

——以六年级下册《中国画——梅花画法》为例

文：李 辰

一 案例背景

随着信息技术的飞速发展，AI 技术在教育领域的应用越来越广泛，为教学带来了新的机遇和挑战。在小学美术教学中，中国画教学是传承中华优秀传统文化的重要组成部分。传统的中国画教学评价往往依赖教师的主观判断，存在评价标准不够客观统一、评价反馈不及时、缺乏个性化等问题。AI 技术的引入，为解决这些问题提供了新的思路和方法，能够提高教学评价的科学性、客观性和有效性，进而提升学生学习中国画的兴趣。

本文旨在探讨 AI 技术在小学中国画教学评价中的具体运用，以人美版《美术》六年级下册《中国画——梅花画法》一课为例，构建基于 AI 技术的教学评价系统，以提高中国画教学评价的质量和效率，为小学美术教学提供有益的参考。

㊁ 学情分析

　　六年级的学生已经具备了一定的美术基础和审美能力，但对于中国画的了解比较有限。他们对新鲜事物充满好奇心，喜欢尝试新的绘画方法和技巧。因此，在教学中应结合学生的实际情况，采用生动有趣的教学方法，激发学生的学习兴趣，提高学生的学习积极性。

㊂ 教学内容分析

（一）教材内容概述

　　人美版《美术》六年级下册《中国画——梅花画法》是中国画教学的重要内容之一。梅花被赋予高洁、坚韧、不屈不挠的精神品质。通过学画梅花，学生可以了解中国画的基本特点和表现手法，感受其艺术魅力，进而培养自身的审美素养和文化底蕴。

（二）教学目标

1. 知识与技能目标

　　了解梅花的文化内涵和中国画梅花的表现特点，掌握中国画梅花的基本笔墨技法，能够运用所学技法创作一幅表现梅花的中国画作品。

2. 教学过程与方法目标

通过观察、欣赏、实践等活动，培养学生的观察力、表现力和创造力，提高学生的中国画绘画技能和审美水平。

3. 情感与价值观目标

激发学生对中国画的热爱之情，培养学生的民族自豪感和文化自信，让学生在绘画过程中体验到创作的乐趣和成就感。

（三）教学重难点

1. 教学重点

理解梅花的文化寓意，掌握中国画梅花枝干和花朵的表现技法，学会运用笔墨表现梅花的神韵。

2. 教学难点

运用恰当的笔墨表现梅花的形态和质感，把握枝干的穿插和疏密关系，体现中国画的意境和韵味。

四 AI 技术在美术教学评价中的优势

（一）评价的客观性

AI 技术可以基于预设的算法和标准，对学生的中国画作品进行客观分析。例如，通过图像识别技术，准确测量梅花枝干的长度、角度、粗细比例，以及花朵的大小、形态等，避免了教师主观因素对评价结果的影响。

（二）评价的全面性

AI 能够从多个维度对作品进行评价，不仅关注作品的技法表现，还能分析作品的构图、色彩搭配、意境表达等。它可以识别画面中元素的分布情况、判断色彩的协调性，以及是否传达出梅花的神韵和文化内涵。

（三）评价的及时性

学生完成作品后，AI 系统可以立即给出评价反馈。学生能够及时了解自己作品的优点和不足，便于在后续的创作中进行改进。同时，教师也可以根据 AI 的反馈，及时调整教学策略和方法。

（四）数据的分析与跟踪

AI 技术可以对学生的学习数据进行收集和分析，建立学生学习档案。通过 AI 长期跟踪学生的作品，教师可以了解学生的学习进度和发展趋势，为个性化教学提供有力支持。

五 教学评价过程设计

（一）评价指标体系的构建

基于《中国画——梅花画法》的教学目标和重难点，结合 AI 技术的特点，教师构建以下评价指标体系，并上传 AI 教学评价系统。

1. 技法表现（40%）

枝干：用笔的力度、线条的流畅性、枝干的穿插和疏密关系。

花朵：花瓣的形态、用笔的灵动性、色彩的浓淡变化。

笔墨：笔墨的干湿、浓淡、虚实处理是否得当。

2. 构图与布局（30%）

画面的均衡与稳定，元素的分布是否合理。

留白的运用是否恰当，是否营造出空灵的意境。

3. 文化内涵与意境（20%）

是否体现梅花的象征意义，如高洁、坚韧等。

作品是否传达出一定的意境和韵味，是否能引发观者的情感共鸣。

4. 创新与个性（10%）

作品是否有独特的创意和表现手法，是否能展现学生的个性特点。

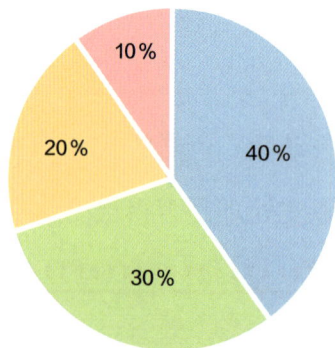

评价指标体系建构示意图

- 技法表现
- 构图布局
- 文化内涵
- 创新个性

（二）AI 技术的应用环节

1. 作品扫描与上传

学生完成中国画梅花作品后，老师使用扫描仪或手机拍照，将作品上传至 AI 教学评价系统。确保图像清晰、完整，以便 AI 进行准确分析。

2. AI 自动分析

AI 系统运用图像识别、深度思考等技术，对上传的作品进行分析。根据教师预设的评价指标体系，AI 教学评价系统对作品的各个方面进行量化评分，并生成详细的评价报告。

3. 评价反馈与建议

AI 系统将评价结果和反馈建议呈现给学生和教师。评价报告中不仅有具体的得分，还会针对作品的优点和不足进行详细描述，并给出改进的建议。

4. 数据统计与分析

AI 系统对全班学生的作品数据进行统计和分析，生成班级整体的学习情况报告。教师可以通过报告了解学生在各个评价指标上的表现，发现教学中存在的共性问题和个体差异问题。

作品评价

结合儿童画特点解读个性化表达，需要调整具体评语或评分细节吗？可以随时告诉我。

这是人美版《美术》六年级下册《中国画——梅花画法》的学生作品，请根据以下评价标准完成6幅作品的作品评价单，打分按满分100计算。同时，针对分数进行比较评价。

发消息，输入 / 选择技能或 : 选择文件

深度思考　技能

这是人美版《美术》六年级下册《中国画——梅花画法》的学生作品，请根据以下评价标准完成6幅作品的作品评价单，打分按满分100计算。同时，针对分数进行比较评价。

（三）教学评价的实施步骤

1. 课前准备

教师提前熟悉 AI 教学评价系统的操作方法，向学生介绍评价的目的、指标和流程。

2. 课堂教学与创作

按照常规的教学流程进行《中国画——梅花画法》的教学，引导学生学习梅花的文化知识和绘画技法，进行课堂创作。

3. 作品上传与评价

学生完成作品后，老师上传至 AI 教学评价系统。AI 系统根据教师预设的评价指标进行分析评价，教师和学生可以在系统中查看评价结果和反馈报告。

4. 评价结果的运用

教师组织学生针对评价结果进行讨论和交流，引导学生分析自己作品的优缺点。针对共性问题，教师进行集中讲解和示范；针对个体差异问题，教师进行个别辅导。同时，教师根据班级整体学习情况报告，调整后续的教学计划和策略。

5. 课后拓展与巩固

学生根据 AI 的评价反馈和教师的指导，对自己的作品进行修改和完善。教师鼓励学生在课后继续进行中国画梅花的创作，进一步提高绘画水平。

六 案例分析

（一）学生作品分析

1. AI 生成《学生作品评价报告》

根据老师构建的评价指标体系，AI 教学评价系统对上传的学生作品进行打分及评价。以下为其中 6 幅作品的评价报告。

作品名称及图片	技法表现 （40 分）	构图与布局 （30 分）	文化内涵与意境 （20 分）	创新与个性 （10 分）	总分
第一幅:《梅花香自苦寒来》 	枝干 15 分 花朵 12 分 笔墨 8 分 合计 35 分	均衡稳定 13 分 留白 12 分 合计 25 分	象征意义 10 分 意境韵味 8 分 合计 18 分	8 分	86 分

评价说明:

技法扎实，枝干穿插自然，留白营造空灵意境，体现出梅花的坚韧品格，传统技法为主。

作品名称及图片	技法表现	构图与布局	文化内涵与意境	创新与个性	总分
第二幅:《冰清玉洁》 	枝干 15 分 花朵 12 分 笔墨 8 分 合计 35 分	均衡稳定 13 分 留白 12 分 合计 25 分	象征意义 10 分 意境韵味 8 分 合计 18 分	8 分	86 分

评价说明:

线条流畅，色彩层次自然，布局和谐，留白呼应花枝，传达出梅花高洁意境，个性探索不足。

作品名称及图片	技法表现（40分）	构图与布局（30分）	文化内涵与意境（20分）	创新与个性（10分）	总分
第三幅:《暗香疏影》	枝干16分 花朵12分 笔墨8分 合计36分 （最高分）	均衡稳定13分 留白12分 合计25分	象征意义10分 意境韵味8分 合计18分	8分	87分

评价说明:

枝干苍劲灵动，笔墨变化细腻，构图疏密聚散有致，留白贴合"疏影横斜"诗意，技法细腻。

作品名称及图片	技法表现（40分）	构图与布局（30分）	文化内涵与意境（20分）	创新与个性（10分）	总分
第四幅:《梅花香自苦寒来》(另一幅)	枝干13分 花朵11分 笔墨9分 合计33分 （最低分）	均衡稳定12分 留白11分 合计23分	象征意义9分 意境韵味8分 合计17分	7分	80分

评价说明:

用笔稍显稚嫩，线条流畅度一般，留白不足，画面拥挤，意境传达较弱，需加强基本功。

作品名称及图片	技法表现 （40 分）	构图与布局 （30 分）	文化内涵与意境 （20 分）	创新与个性 （10 分）	总分
第五幅:《冰清玉洁》(另一幅) 	枝干 15 分 花朵 12 分 笔墨 8 分 合计 35 分	均衡稳定 13 分 留白 12 分 合计 25 分	象征意义 10 分 意境韵味 8 分 合计 18 分	8 分	86 分

评价说明:

用笔有力，色彩层次分明，布局和谐，留白恰当，体现出梅花的高洁纯净，传统表现为主。

作品名称及图片	技法表现	构图与布局	文化内涵与意境	创新与个性	总分
第六幅:《傲雪凌霜》 	枝干 15 分 花朵 12 分 笔墨 8 分 合计 35 分	均衡稳定 13 分 留白 12 分 合计 25 分	象征意义 10 分 意境韵味 8 分 合计 18 分	8 分	86 分

评价说明:

枝干苍劲，色彩对比鲜明，留白营造傲雪意境，传达出梅花的坚韧不屈，个性表现一般。

2. 分数比较评价

最高分（87分）第三幅：技法表现细腻（枝干笔墨层次、花朵疏密处理），构图留白与古典诗意结合紧密，意境传达精准。

平均分（86分）第一、二、五、六幅：传统技法扎实，构图留白合理，文化象征明确，但创新与个性均未突破传统框架。

最低分（80分）第四幅：技法基础较弱（枝干线条、花朵形态），构图留白不足导致画面拥挤，需强化笔墨训练与构图设计。

3. 教学建议

针对高分作品：鼓励学生在传统基础上探索个性化表达（如特殊构图、材料创新）。

针对平均分作品：引导学生观察真实梅花形态，在绘画时增加花朵开合变化与枝干穿插的多样性。

针对低分作品：重点练习线条基本功（中锋用笔、提按转折），鼓励学生通过临摹经典作品提升构图意识。

（二）班级整体学习情况分析

通过 AI 系统对全班学生作品数据的统计和分析，发现以下情况：

1. 在技法表现方面

部分学生能够掌握中国画梅花枝干和花朵的基本表现技法，但在笔墨的干湿、浓淡处理上还存在一定的问题。

2. 在构图与布局方面

部分学生能够合理安排画面元素，但仍有一些学生对画面的均衡和稳定把握不够准确。

3. 在文化内涵与意境表达方面

整体得分相对较低，说明学生对梅花的象征意义理解还不够深入，难以在作品中传达出梅花的神韵和意境。

4. 在创新与个性方面

少数学生能够展现出独特的创意和表现手法，但大部分学生的作品缺乏个性。

（三）教学改进

根据班级整体学习情况分析，教师进行了教学反思，并制订了以下改进措施：

1. 加强技法训练

在后续的教学中，教师增加对中国画笔墨技法的专项训练，如干湿、浓淡、虚实的处理练习，提高学生的用笔能力。

2. 强化文化教育

通过讲解梅花的诗词、典故等，加深学生对梅花文化内涵的理解，引导学生在作品中更好地表达意境。

3. 鼓励创新思维

在教学中注重培养学生的创新意识，鼓励学生尝试不同的构图方式和表现手法，展现自己的个性特点。

4. 优化教学方法

结合 AI 评价结果，采用更加有针对性的教学方法，如小组合作学习、个别辅导等，满足不同学生的学习需求。

七 结论与展望

AI 技术在小学中国画教学评价中的运用，能够有效提高小学美术教师教学评价的质量和效率。辅助教师准确把握学生的学习需求和教学中存在的问题，进而调整教学策略和方法，提高教学效果。同时，通过 AI 评价反馈，学生也能够及时了解自身学习情况，有针对性地进行改进和提高。

　　尽管 AI 技术在小学中国画教学评价中已取得了一定的成效，但仍存在一些不足。例如，AI 系统对中国画意境和文化内涵的理解还不够深入，需要教师进一步完善评价指标体系，这可能会增加教师的工作负担，还需要教师具备一定的信息技术能力。

　　未来，教师可进一步探索如何提高 AI 系统对中国画意境和文化内涵的理解和评价能力，完善评价指标体系，使其更贴合中国画教学的特点和要求。此外，还可以将 AI 技术与其他教学方法、手段相结合，构建更加多元化、智能化的教学评价体系，为小学中国画教学的发展提供更有力的支持。

扫描二维码
可观看 40 分钟课堂实录及
15 分钟同步课堂视频

第七章

数智润春声，音乐课堂的 AI 焕新实践
——以一年级下册《春晓》为例

文：李玉颖

一 案例背景

　　本案例以《义务教育艺术课程标准（2022 年版）》（以下简称"新课标"）为依据，秉持"坚持以美育人、重视艺术体验、突出课程综合"的核心理念，用 AI 及 AR 技术赋能音乐教学"感知—表现—创造—理解"全流程，通过生成视觉素材、创设实时情境、优化作业设计等多种方式，突破传统音乐课堂的时空束缚，助力学生在"诗乐融合"的氛围中感受诗词之美、聆听之趣、自然之韵，实现审美素养与文化理解的协同提升。

　　"新课标"以习近平新时代中国特色社会主义思想为指导，紧扣落实核心素养主线，引导学生积极参与各类艺术活动，丰富审美体验，促进全面发展。在教育体系的衔接上，呼应幼小衔接理念，重视学生身心发展阶段性、连续性。将第一学段（1—2 年级）

课程内容设置为"唱游·音乐",通过"趣味唱游""聆听音乐""情境表演""发现身边的音乐",引导学生在欣赏、表现、创造、联系实践中,形成丰富、健康的审美情趣。

二 教材分析

（一）单元主题与架构

为贯通育人目标、课程目标、素养目标,本单元在人文主题"春天来了"的基础上,凝练学习主题"春天的诗情歌意"。通过子主题"春之韵《春晓》""春之谣《小燕子》""春之趣《郊游》"和"春之声《小雨沙沙沙》"与玩转音乐"我会变",逐步落实审美体验。

《春晓》作为本单元的第一课,既是学习主题的文化起点,也是学生核心素养发展的逻辑起点,承担审美启蒙任务。通过"诗乐融合"的方式,引导学生从"自然意象"中发现自然之美,从"和诗以歌"中感知文学与艺术之美,从"创设情境"中体验生活之美,从"集体表演"中欣赏社会之美。

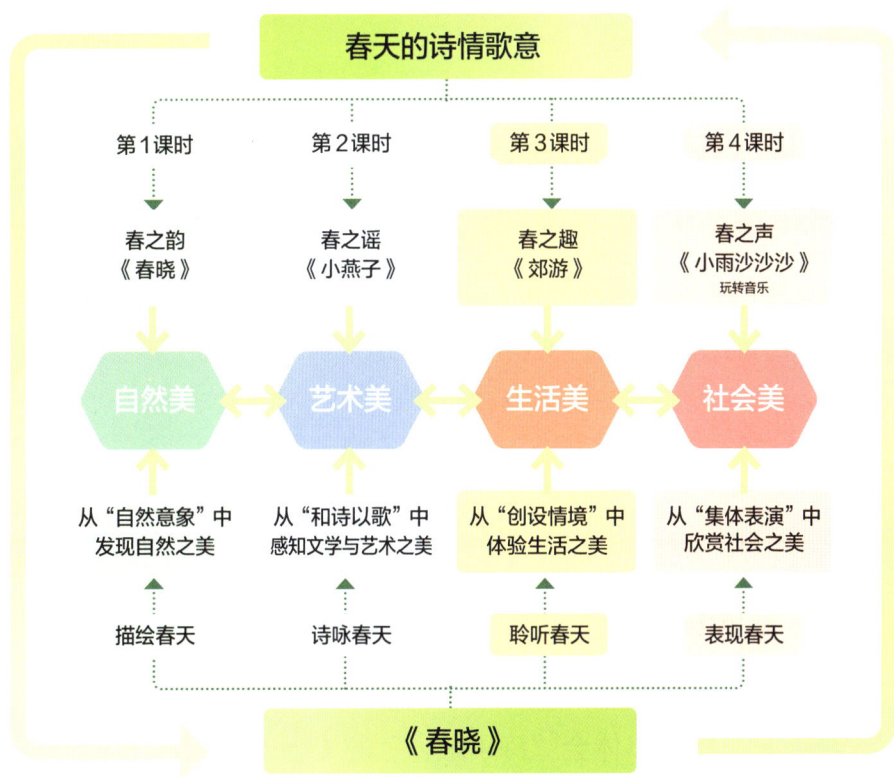

（二）作品分析

《春晓》采用三段体结构，旋律质朴、朗朗上口。第一乐段由四个乐句组成，在结构上体现"起、承、转、合"的特点，旋律以级进和小跳为主，节奏明快；第二乐段由衬词"啦"构成二声部，切分节奏和附点八分节奏的连续出现，使音乐形象较第一乐段更加鲜明可爱；第三乐段是第一乐段的变化再现，尾声乐句的节奏被拉宽，既和诗歌的意境相吻合，又兼具诗歌吟诵的韵味。

三 学情分析

（一）认知特点

一年级学生（6—7岁）处于形象思维主导阶段，模仿力与想象力强，对音乐充满好奇，但注意力持续时间短，需通过游戏化、情境化活动维持参与热情。

（二）认知基础

1. 知识基础

大多学生在学前教育阶段学习过古诗《春晓》，能熟练背诵，但难以体会"诗乐融合"的美感。

2. 能力水平

能感知音乐基本情绪，但缺乏对音乐表现要素的系统认知和个性化表达，肢体表达碎片化。

3. 生活经验

学生对春天的自然现象有一定观察和感受，但难以将这些自然景象与古诗和音乐建立审美联结。

四 学习目标与重难点

维度	目标描述	AI 技术支撑
审美感知	聆听音乐，开发音乐感知力，通过诵、演、唱多种形式领略歌曲艺术形象，感知、体验、表现春天的美好	使用即梦 AI 生成"春景"卡片，使用 ARvid 创设课堂实时"春景"。创建智能体模拟孟浩然
艺术表现	联系学生生活经验创设情境，通过演唱、演奏、律动等活动引导学生情感参与	使用即梦 AI 与剪映软件相结合，生成视频，增强学生沉浸式学习体验
创意实践	能在歌曲情境中编创动作与"自然之声"，鼓励个性化表达与创造	在 ARvid 创设的实时春景中进行创意表现
文化理解	深化音乐与文学的联结，初步感受中华传统文化中"诗乐一体"的审美，体会音乐对文学意境的升华作用	使用"九歌"诗歌写作系统创新作业设计

重点： 作品感知（速度、节拍、音色等要素），情境表演。

难点： 音乐与文学的结合，综合运用所学完成情境表演。

五　AI赋能教学过程

环节一：寻美自然，走进春天

教师活动

1.引导学生用拟声词和动作表现"春风""鸟鸣""春雨"和"花落"四种自然之声，创设情境。

春风：单手抚摩手臂，用"呼"拟声模仿。

鸟鸣：双手拍击手背，用"叽叽""喳喳"拟声模仿。

春雨：双手摩擦手掌，用"沙"拟声模仿。

花落：双手摩擦大腿，用"哗"拟声模仿。

2.分享四幅"春景"卡片，分别对应《春晓》中的诗句"春眠不觉晓""处处闻啼鸟""夜来风雨声""花落知多少"。

借助AI将《春晓》诗句生成四幅图

3.请四名学生上台完成互动（运用下方节奏，用两字词语描述所见）。

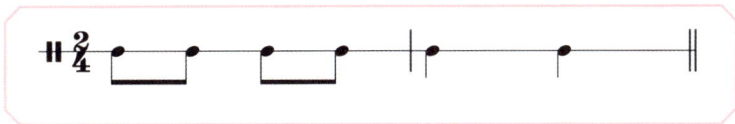

4.带领台下学生加入律动（两下拍手，两下拍腿），并向台上学生提问："你看见了什么？"引导台上学生用一致节奏回答："我看见了……"

5.将卡片按诗句顺序呈现在黑板上，引导学生将这些卡片连成古诗《春晓》，进而引出课题。

学生活动

1.加入动作，拟声模仿四种自然之声。

2.观察教师手中的卡片，展开联想和想象。

3.按照教师给出的节奏说出答案。

4.师生运用所学节奏进行互动问答。

5.观察教师张贴的卡片，发现是诗人孟浩然写的《春晓》。

学习评价：

| 核心素养 | 审美感知 |

评价目标 能感知、模仿"春天"的形象，表达自己的理解与感受。

评价维度

☆☆☆ 具备较强的模仿能力，节奏感稳定，善于观察、联想，能用丰富的词语准确表达自己的感受。

☆☆ 能较为准确地完成音乐活动，具备一定的语言表达能力。

☆ 能基本跟随教师或同学进行音乐活动，语言组织能力较弱。

评价方式 教师评价、学生互评

AI 应用

　　使用 AI 生成四幅精准匹配诗句意境的"春景"卡片，将抽象诗句具体化，激活学生视听联觉，帮助学生建立诗句与自然意象的关联。

环节二：对话文学，诗咏春天

教师活动

1. 播放诗人孟浩然的自我介绍视频。

2. 带领学生用充满感情的声音吟诵《春晓》。

3. 建立与文学的联结，提问："你还在哪些诗句中找到过春天？"

4. 讲赏结合，演奏经典钢琴作品《彩云追月》，营造氛围、创设情境：

用"琶音"模仿春风轻抚大地声；

用"颤音"模仿鸟鸣；

用"左、右手八度交替"模仿雨滴声；

"主和弦收束"表现风雨后花瓣飘落的动态美。

学生活动

1. 观看视频。

2. 充满感情地吟诵《春晓》。

3. 分享有关"春天"的诗（如《赠汪伦》《咏柳》《春游湖》等）。

4. 视听结合，走近诗人"耳中的春天"。

学习评价：

核心素养 ▶ 文化理解

评价目标 ▶ 能富有感情地诵读诗歌，理解诗歌内容，展现诗歌意境。

评价维度 ▶
☆☆☆ 具备良好的文学素养，能够有感情地诵读诗歌，深刻体会诗歌蕴含的情感。

☆☆ 能说出诗歌表达的大致情感，但分析较浅，有一定语感。

☆ 对诗歌大意有初步感知，但理解不全，对诗歌表达的情感有模糊认知，但难以清晰表达。

评价方式 ▶ 教师评价、学生互评

AI 应用

使用 AI 生成孟浩然智能体形象，制作动态"春景"微视频。拉近学生与诗人的情感距离，为"和诗以歌"奠定基础。

环节三：聆听音乐，感知春天

教师活动

1.初步聆听歌曲，给予学生充分欣赏的时间。

2.请学生分享听完歌曲的心情，并对歌曲情绪进行选择（庄严、有力 / 优美、抒情 / 欢快、活泼）。

3.把握音乐基本要素，体会歌曲的情绪特点，提问："歌曲为什么给人欢快活泼的感受？歌曲的速度有什么特点？"

4.引导学生感受节拍律动，在每四拍中分别做拍手、拍肘、拍胸、拍肩的动作，再尝试融入节拍律动演唱主旋律。

5.体会歌曲演唱的音色对塑造形象的作用，提问："童声有什么特点？"（分层递进，引导学生通过速度、节拍、音色等要素感知音乐情绪。）

学生活动

1.聆听歌曲。

2.表达感受。

3.深入思考。

4.感受节拍律动并演唱主旋律。

5.思考童声的音色特点。

学习评价：

核心素养	审美感知、艺术表现
评价目标	能感知作品的音乐情绪、感受与理解歌词内容，感知旋律音调特征，能利用"听唱法"演唱歌曲主题旋律。

评价维度

☆☆☆ 能用丰富的词语准确表达自己的音乐感受，总结音乐情绪。能积极参与到聆听歌曲的活动中，具备较好的音准与肢体协调性。

☆☆ 能较为准确地表达音乐感受，可以根据老师和同伴的提示自主完成音乐活动。

☆ 能基本表达自己对歌曲的想法，跟随老师和同伴完成音乐活动。

评价方式	教师观察、学生互评、学生自评

环节四：发挥个性，表现春天

教师活动

1.启发学生自由表现春日，提问："你眼中的春天是什么？请用动作表现。"

2.复听歌曲，引导学生用清脆的音色、生动的姿态表现第二乐段。（提示学生在模仿的基础上进行个性化表演，为最终的"春日乐章"情境表演作铺垫。）

3.认识衬词，了解合唱的演唱形式。

4.带领学生用纱巾表现乐句,体会乐句中的休止与长音节奏。

学生活动

1. 用肢体动作自由表现春日。（如：小鸟、小花、柳树等。）

2. 思考第二乐段的表现方式，跟随音乐进行个性化表演。

3. 复听歌曲，听辨古诗以外的段落。（点出衬词。）

4. 跟随教师用纱巾表现第二乐段。

学习评价：

核心素养	艺术表现

评价目标	乐于参与音乐活动，能够根据音乐的速度、情绪，用律动表现音乐。

评价维度	☆☆☆ 能积极参与到歌曲的律动和歌唱中，能根据音乐编创个性化动作。 ☆☆ 能积极参与音乐活动，可根据老师和同伴的提示表现歌曲。 ☆ 可以主动参与集体音乐活动，能基本完整表现歌曲。

评价方式	教师观察、教师评价、学生互评

环节五：乐器编配，点缀春天

教师活动

1.借助 AR 技术，将"春柳""种"进音乐课堂。

2.教师演奏《彩云追月》，带领学生再现"自然之声"，并加入小件乐器丰富听觉层次：

春风：三角铁　　　鸟鸣：串铃

春雨：沙蛋　　　　花落：沙锤

学生活动

1.沉浸在 AR 技术营造的春日氛围中。

2.回顾并再现课堂导入,用乐器和人声共同表现"自然之声"。

学习评价：

核心素养 创意实践

评价目标 能选择适合表现音乐作品形象与情境的乐器或道具，正确表现对音乐主题、段落、旋律特征的感受与理解。

评价维度

☆☆☆ 节奏感稳定，能正确使用所学乐器进行伴奏，并能根据音乐编创新的节奏。

☆☆ 能较为准确地使用乐器，基本跟上音乐节拍和速度。

☆ 可以运用学过的乐器跟随集体一起为歌曲伴奏。

评价方式 教师监听、教师评价、学生互评

环节六：综合表演，奏响春天

教师活动

1.再现钢琴曲《彩云追月》引子部分，与学生合作完成"春日乐章前奏曲"。

2.综合运用所学知识，带领学生将演唱、动作编创、律动、纱巾表现等融入最终的情境表演。

学生活动

1.师生合作、生生合作，共同完成"春日乐章前奏曲"的表演。

2.在教师的引导下，综合运用本节课所学，自主参与、完整表现"春日乐章"。

学习评价：

核心素养	艺术表现、创意实践

评价目标	能够通过聆听、演唱、演奏、律动等各类体验式的音乐活动，感知、体验、表现春天的美好。

评价维度	☆☆☆ 能够综合运用本课所学知识，将各类体验式活动融入最终的表演。 ☆☆ 能够掌握部分知识，在最终表演环节完成简单的演唱、律动、声势活动。 ☆ 可以跟随集体一起完整表现歌曲。

评价方式	教师观察、学生互评、师生互评

AR 应用

AR 是一种将虚拟生成的数字信息（如图像、视频、3D模型、文字、声音等）叠加到真实世界环境中的技术。简单来说，AR 就像是给现实世界戴上了一副"智能眼镜"，让学生能在看到真实场景的同时，看到叠加在上面的有用或有趣的数字内容。

比如本课利用 AR 技术在课堂现实场景上叠加了柳枝，实现情景交融的表演情境，极大提升课堂教学的趣味性。

六 AI 赋能差异化作业设计

作业层级（选做）	任务描述
基础层	变身"音乐小老师"，将歌曲给家人唱一唱、演一演，并分享课堂上学到的小知识，比如用三角铁模仿春风、用串铃模仿鸟叫等。
提升层	用生活中的材料自制乐器，模仿《春晓》中的"自然之声"，邀请家人一起进行创意表演。比如用春风号角对应"春眠不觉晓"，树叶口哨对应"处处闻啼鸟"，春雨沙沙瓶对应"夜来风雨声"，花瓣飘落盒对应"花落知多少"，用自制乐器为《春晓》伴奏。
拓展层	尝试使用"九歌"AI 诗歌写作系统，探索 AI 技术和诗词的奇妙碰撞，传承中华优秀诗词文化，创作独一无二的"春日"诗篇。 绝句　藏头诗　集句诗　律诗　词　对对子 五言绝句　七言绝句 请输入句子、段落或者关键词（关键词以空格隔开）　生成诗歌　重置 生成结果 欢迎使用九歌 Welcome To jiuge

七 教学成效与展望

（一）成效

AI 与 AR 技术的融合，有效化解了"音乐抽象性"与"低龄学生具象思维为主"之间的矛盾，将"看不见的音乐"转化为"可触摸的场景"，打破了学生的认知壁垒。沉浸式体验让学生身临其境，激发其音乐学习兴趣。

（二）展望

持续挖掘 AI 及 AR 技术的个性化教学潜力，探索数智技术与学情分析、即时反馈、任务驱动等场景的深度融合，使其真正成为学生音乐学习的"智能伙伴"。

扫描二维码
可观看 40 分钟课堂实录及
15 分钟同步课堂视频

第八章

动态分析，精准训练：AI 赋能小学体育投篮教学

——以五年级下册《接发球后运球上步急停投篮技术》为例

文：王 泽

一 案例背景

为贯彻中共中央、国务院《关于加强青少年体育增强青少年体质的意见》精神，以提升学生篮球专项技能与身体综合素质为核心目标，确保学生在篮球运动中获得技能提升与兴趣培养的双重收获。AI 技术在优化动作分析、精准化技能测评、激发训练热情以及高效管理训练数据等学校体育教学领域具有显著的促进作用。

二 学情分析

五年级学生年龄在 10—11 岁，处于运动技能发展的敏感时期，但身体协调性和力量控制能力仍在发展阶段。在接发球后运球上步急停投篮技能的学习中，由于神经系统对肌肉的控制能力

尚未完全成熟，学生容易出现动作脱节、急停不稳、投篮用力不当等问题。

本节课教学对象为五年级八班的 32 名学生，通过对班级学生进行接发球后运球上步急停投篮的专项测试发现：

动作连贯性：仅 30% 学生能流畅完成；

急停稳定性：70% 学生出现晃动或失衡；

投篮命中率（优秀率 命中次数占比 ≥ 70%）：仅 20% 学生能精准命中；

另外，班级中有 1 名超重学生，在运动速度和身体灵活性上相对较弱。

三 教学过程

教学过程分为开始部分、准备部分、基本部分和结束部分四个环节，各环节均以游戏贯穿始终。

环节一：开始部分（约 2 分钟）

首先进行课堂常规项目，明确学习内容及要求；集中学生注意力，调动课堂氛围，激发学生学习兴趣，引出本课学习内容。

环节二：准备部分（约 6 分钟）

　　改变传统固定的做操形式，采用 AI 互动游戏模式，将体育教学内容融入其中。学生与 AI 虚拟小伙伴一起热身，这种方式不仅增加了体育学习的趣味性，还能锻炼学生的身体协调性和反应能力，同时让身体各关节得到充分活动，避免运动损伤，帮助学生养成锻炼前充分热身的好习惯。

俯身下压

竹篮抱膝

高踢腿

侧向交叉

环节三：基本部分（约30分钟）

1.传投联动挑战赛

两人一组，两组对战。开始时，一人拿球，将球传给对面同学，然后跑到对面队尾；接到球的同学做投篮动作，再将球传给对面同学，然后跑到队尾。以此类推，依次进行游戏。

同时，运用智能辅助教学系统，通过摄像头和传感器捕捉学生的动作，借助AI算法进行实时分析，与标准动作模型进行对比，为学生提供动作纠正建议和个性化指导。

教师创设"传投联动挑战赛"篮球游戏，借助AI智能交互设备，提前设计好传球点、传球路线、篮筐的图像视频和音乐。学生以分组形式参与，组内两人需按照视频中的路线和传球点，手持篮球模仿投篮的动作，与AI智能交互设备上的动作影像进行合作互动，在完成投篮动作后获取交互回馈。教师根据幕布大屏上各组所获积分进行即时评价。

2.急停投篮特训营

两人一组，面对面站立。其中一人做运球上步急停投篮动作，将球投给对面同学；另一人接球后，同样完成运球上步急停投篮动作。两人在对投中分层次练习运球次数，逐步掌握急停节奏与投篮动作的连贯性。通过反复强化急停时的屈膝缓冲和重心调整，规范动作模式，为实战中创造投篮空间打下基础。优生示范环节能够树立榜样，激励全体学生精益求精。

采用教师与虚拟教练教学相结合的教学形式，借助 AI 智能交互技术的图像识别功能特点，教师合理导入讲解示范法，创建虚拟的体育教练。学生可以与虚拟教练进行互动，虚拟教练会根据学生的表现进行指导和示范，学生以人机交互方式完成运球上步急停投篮动作的学习，学习效率以及学习兴趣大大提高。

3. 拿球投篮终结战

两人一组，两组对战，两组各持一球。开始时，第一名持球同学先拿对应一侧同学的球，完成运球上步急停投篮动作；投篮后拿着球替代该同学的位置，而被替代的同学则跑去队尾。接着，第二名持球同学拿另一侧同学的球，完成运球上步急停投篮动作，投篮后也替代该同学的位置，被替代的同学跑到队尾。依此规则进行游戏，球进得1分，在规定时间内得分最多的组获胜。

通过模拟真实篮球场上的投篮场景，让学生沉浸式体验篮球活动。学生通过接固定球后立即运球上步急停投篮的重复练习，强化接球、运球、急停、投篮动作的衔接流畅性，重点纠正急停时屈膝缓冲不足、重心不稳等问题，确保动作模式标准化。同时，模拟比赛中接发球后快速发起进攻的情境，培养学生接球后迅速决策（直接投篮或运球突破）的能力，提升动作执行效率。

4. 传接突破投篮赛

两人一组，两组对战。开始时，一人拿球，将球传给对面同学，然后跑到对面队伍的队尾；接到球的同学需完成运球上步急停投篮动作，投完篮后将球传给对面同学；对面同学接到球后同样做运球上步急停投篮动作，然后也跑到队尾，以此类推，依次进行游戏。球进得1分，在规定时间内得分最多的组为优胜组。从无防守跑队尾过渡到消极防守跑队尾，游戏难度逐渐加大，对学生投篮能力的要求也随之提高。

模拟接发球后的实战情境，能培养学生接球后快速决策与执行的能力。通过轮换练习和计分机制，不仅可以提升学生的竞争意识和动作效率，还能巩固急停投篮技术的规范性。

5. 双雄对决 (2V2 比赛)

四人一组,两组对战。进攻方完成普通投篮得1分;利用"传球+投篮"组合动作得2分;利用"传球+运球上步急停投篮"组合动作得3分,规定时间内得分最多的组获胜。

在真实对抗中,综合运用接发球、运球急停和投篮技术,强化学生对技术动作的合理运用能力。差异化得分规则(普通投篮得1分、组合动作得2分或3分),能有效鼓励学生主动创造投篮机会,培养战术思维与团队配合意识,同时在过程中渗透尊重规则、积极进取的体育精神。

环节四：结束部分（约 2 分钟）

　　开展人机交互式的篮球活动，借助 AI 智能交互设备，融入音乐、互动等元素，既能放松学生身心，又能让学生感受到篮球运动的趣味性与意义，让练习摆脱枯燥乏味，让体育课堂充满活力。

　　运动后，通过静态拉伸放松学生紧张的肌肉，达到缓解运动疲劳、降低运动损伤的目的；通过集合小结，帮助学生再次巩固本节课所学内容。

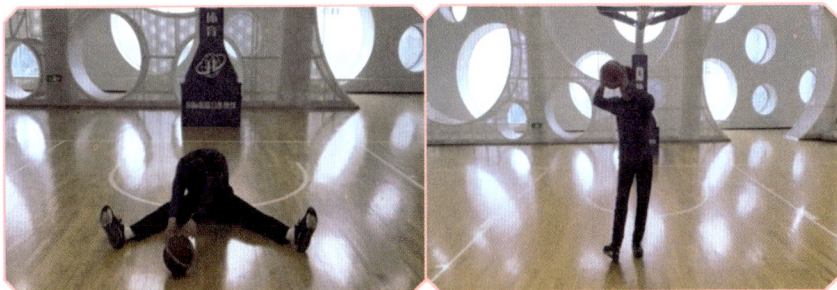

四 教学成效

在体育教学中，借助动作捕捉技术可以精确记录学生的动作，AI系统会对这些数据进行深入分析，生成详细的动作报告。教师可根据这份报告制订更具针对性的教学方案。

AI交互教学课后，对班级学生进行接发球后运球上步急停投篮的专项测试，结果显示：动作连贯性方面，较为流畅地完成接发球到投篮的整个动作的学生比例由30%增至90%；急停稳定性方面，出现身体明显晃动甚至失去平衡的情况由70%降至15%；投篮命中率方面，在规定距离内，优秀率（命中次数占比≥70%）的学生比例由20%增至80%。由此可见，AI赋能教学显著提升了学生接发球后运球上步急停投篮的关键能力指标。

五 建议

（一）深化 AI 技术应用

在篮球教学与训练中进一步推广和深化 AI 技术的应用，如引入更多智能设备和先进的数据分析工具，提升训练的精确性和科学性。

同时，加强对教练员和球员的技术培训，使其更好地借助AI技术提升训练效果。

（二）个性化训练方案

借助AI技术提供的精准数据，根据每位球员的特点和需求，量身定制训练计划，充分发挥每位球员的潜力。特别是针对该球员技术薄弱环节和体能不足之处，进行针对性训练，全面提升其综合素质。

心理素质培养

在训练中注重心理素质的培养，借助AI技术提供的反馈和虚拟现实技术，模拟比赛压力和情境，帮助球员提高心理应对能力，增强自信心和团队合作意识。也可以定期开展心理素质训练课程，结合AI技术的优势，提高球员的心理素质。

跨学科合作

促进体育科学与人工智能等学科的跨领域合作，推动技术创新和应用。可以建立联合实验室或研究中心，开展相关技术的研发和应用研究，为AI技术在体育训练中的进一步应用提供理论和技术支持。

扫描二维码
可观看40分钟课堂实录及
15分钟同步课堂视频

第九章

AI 时代，我们如何学习

——以六年级"AI 赋能学习"主题班会为例

文：宋宇佳

一 案例背景

全球科技竞争已进入以 AI 为核心的"算力时代"，而人才的自主创新能力成为大国博弈的关键。作为数字科技时代的小学生，他们既是 AI 技术的使用者，更是未来技术的创造者。在此背景下，小学阶段的 AI 教育需解决两大核心问题：

一是如何让学生从"被动接受技术"转向"主动驾驭工具"；

二是如何在技术席卷而来的浪潮中，避免产生"唯工具论"或"技术依赖"。

因此，引导学生从"会用 AI"到"善用 AI"，最终实现"用好 AI"，已成为当前教育的必修课。

伴随着 AI 技术在生活中的广泛应用，小学生享受到诸多便捷的同时，也出现很多现实困惑。这些困惑主要集中在学习方面：一些学生过度依赖 AI 完成解题、写作、英语阅读等学习任务，将"使用工具"错误地等同于"能力习得"，导致主动思考能力弱化。尤其值得注意的是，面对 AI 强大的生成与信息处理能力，部分同学产生了"技术等同于人力"的价值困惑，对"AI 时代是否还需要学习"产生迷茫。这些学生在真实情境中存在的困惑，凸显了在 AI 时代背景下，引导学生认清人与 AI 的特性，把握人机边界，树立正确价值观的重要性与紧迫性。

本次班会从真实困境出发，聚焦学生使用 AI 辅助学习过程中产生的核心问题，引导其正确认识人与 AI 的关系，明确人类在驾驭工具、创新创造、赋予情感中的不可替代性，实现从被动接受到主动驾驭的转变。

二 学情分析

为了更好地了解学生对于 AI 的理解与认知，教师设计了如下前测问题：

1. 你使用过哪些 AI？

2. 你运用 AI 帮助自己解决过哪些问题？

3. 用 AI 帮忙学习，你最喜欢它哪一点？最不喜欢它哪一点？

4.你觉得经常用 AI 帮忙,对你"自己动脑筋"和"学会知识"有影响吗?

5.你希望以后 AI 还能帮你解决学习上的什么困难?

由前测可知, 近95％的学生表示自己接触并使用过 AI, 其中大部分同学能够运用 DeepSeek、豆包等 AI 大模型解决实际问题, 如辅导作业、查询信息和制订计划等。

在对 AI 工具的双重性认知方面, 学生最认可 AI 作为"智能资源库"的价值, 认为 AI 能够快速提供知识解答, 为学习提供资源, 拓宽视野。同时, 近半数的学生能够指出 AI 帮忙解题存在局限性, 比如正确的解题逻辑需要反复提问调试、生成文章不符合生活实际、语言表达风格死板等。针对 AI 辅助学习可能产生的问题, 部分学生意识到若不能正确使用（如依赖 AI 直接生成答案）, 会影响学习能力的提升。

理由: 虽然人工智能可以帮助我们,但同时也会使我们过度依靠,从而失去自主性,甚至有概率将人类取代。

理由: 过分依靠人工智能用于辅助学习可能产生"凡事都用人工智能""失去人工智能就无法生存"等现象,降低人类的思维能力,人工智能的"自主学习"更有可能"叛变"。

　　综合来看，六年级学生对 AI 的认知与运用呈现出"使用普及化、认知片面化、风险意识萌芽化"的特点。本次班会据此提出"明确 AI 优势、辨析人的不可替代性、正确认识人与 AI 的关系、发挥人的主观能动性，运用 AI 辅助学习"的进阶方向。

三　活动目标

（一）认知目标

　　引导学生清晰认识 AI 在信息整合、快速生成内容方面的"工具性"优势，同时发现 AI 在真实创意、人文关怀、情感表达上的局限，树立"人要主动驾驭 AI 工具"的主体意识。

（二）能力目标

　　在写作任务中，教授学生通过不断优化指令，引导 AI 生成更贴近需求且有"人类温度"的个性化内容，初步掌握与 AI 有效协作的方法，而非滥用 AI。

（三）情感目标

以真实任务为驱动，通过实践体验引导学生深刻体会人类情感、创造力和判断力在学习中的核心价值，增强学生主动思考、负责任地使用 AI 工具的信心与责任感。

四 活动准备

教师准备

1. 剪辑展现 AI 技术应用的短视频，用于导入环节提问。

2. 提前用 AI 工具生成绘有"拔河场景"的明信片，并收集两份手绘明信片范例（学生作品）。

3. 邀请北京大学计算机学院教授录制分享视频，用于总结。

学生准备

1. 提前注册并练习使用豆包、DeepSeek 等 AI 工具，提前练习 AI 生图功能。

2. 携带平板电脑。

五 活动过程

环节一：了解 AI 技术，聚焦学习困惑

视频导入，感受 AI 技术的强大与广泛应用

智能交通灯正提升30%的交通效率

教师开场播放精编的 AI 应用视频，内容涵盖智慧驾驶泊车、智能蔬菜管理、人脸识别寻人等场景，引导学生了解 AI 技术。

教师提问："看过视频后，你有什么感受？"学生以"影响全面""智能高效""技术强大"等关键词回应。

引出"AI 时代，我们应如何学习"的核心议题

教师创设与家长通话的情境，结合学生在学习中的真实困惑，引发学生就"AI 时代，我们应如何学习"这一中心问题进行讨论。

▪▪▪▪▪▪▪▪▪▪▪▪▪▪▪▪▪▪▪▪▪▪▪

设计意图：通过 AI 应用视频帮助学生建立认知基础，利用生活案例引发认知冲突。其中，家长反馈的学生借助 AI "代写作文"现象直击学生现实困惑，将宏观的 AI 技术聚焦到学习场景中，既展现了 AI 技术的强大，又引发了学生对自身学习方式的反思，为后续实践环节做好铺垫。

环节二：明信片对比，发现 AI 优势和人不可取代之处

教师展示 AI 生成的明信片，讲述生成过程和画面背后的故事。

▪▪▪▪▪▪▪▪▪▪▪▪▪▪▪▪▪▪▪▪▪▪▪

帮我生成图片：帮我生成一张六年级两组学生卖力在操场上参加拔河比赛的图片，一位女老师在旁边加油鼓劲，阳光很好。而且图片能体现大家的团结，场景是在学校的大操场上，绘本画风。比例 16:9。

"智绘校园·AI 光影故事会" AI 明信片制作

教师向学生说明实践任务要求：以小组合作的形式，借助 AI 工具完成明信片的制作，展现自己在北大附小校园的最美回忆，并讲出回忆背后的故事。在小组合作制作明信片的过程中，引导学生重点体会 AI 在辅助生成图像时所具备的高效、便捷、精准、全面等特点，并概括出相关关键词。

手绘明信片展示，分析人与 AI 的关系

教师出示学生亲手绘制的明信片，邀请创作者分享画面背后的故事。

教师提出问题，引导学生思考："在 AI 强大的能力面前，人类有哪些不可取代之处？"学生在对比了 AI 生成与手绘制作的明信片后，指出人的不可取代之处，并概括出情感、经历、判断等体现人类独特价值的关键词。

基于前面的实践活动与分享交流，教师提出关键性问题："请你用一句话概括人与 AI 是什么关系？"学生能够形成诸如"AI 是我们的朋友，不是敌人""我们要做 AI 的主人，不能成为它的奴隶"这样的认识，从而思考人与 AI 如何更和谐地相处，以及人类如何更好地驾驭 AI 技术。

设计意图：以制作毕业明信片增强学生的情感共鸣与体验深度。通过 AI 生成与手绘画面的对比实践，让学生体验 AI 生图的优势（高效、便捷等），同时通过手绘校园故事让学生认识人类不可替代的价值（情感、经历、判断）。最终引导学生概括出"人类主导、和谐共生"的人机关系，为坚守人文价值奠定基础。

环节三：通过"AI 帮助写作"的任务实践体会人的主观能动性

小组合作，用 AI 写毕业赠言

教师带领学生回顾班会最初提出的困惑，引导学生通过小组合作完成毕业赠言的撰写任务，亲身体验如何有目的、有意义地驾驭 AI 工具。每一步指令调试都更具目标性，以此优化赠言效果。同时，邀请现场观摩老师共同参与体验，完成协作。

　　小组分别展示使用 AI 工具撰写毕业赠言的具体过程。教师引导学生总结重点：在运用 AI 的过程中，如何通过调整语气、优化形式、明确指定对象等关键方法，让毕业赠言的表达越来越精准、越来越有针对性、越来越富有人情味。同时，教师也可邀请参与体验的老师，从旁观者角度分析同学们的操作过程，提供多元视角。

北大教授就如何正确使用 AI 提出建议

　　播放北京大学教授视频短片。教授从更高的站位，以科技发展与人文关怀视角，为同学们如何更好地在写作乃至更广泛的领域主动驾驭 AI、表达真挚情感、守护人文价值提供深刻的指引和鼓励。

设计意图：以毕业赠言为载体，紧密契合主题，强化学生的情感联结。回归生活案例（写作困惑），通过小组合作撰写毕业赠言的具体任务，实践并掌握主动驾驭 AI 的方法（调整语气、优化形式、明确对象）。通过展示调试提示词的过程，深化学生对使用 AI 方法的理解。邀请教师观摩参与，增强互动与多角度反馈。北大教授的视频从更高维度升华主题，引导学生理解驾驭 AI 的本质在于服务人的表达与情感。

环节四：知行合一，共创《AI 使用公约》

制定制定《AI 使用公约》

教师发起倡议，引导学生思考：在 AI 时代，我们应该如何学习？并倡议各小组合作，共同制定本班的《AI 使用公约》。学生基于前期实践中的收获与体会，以小组为单位，在教师提供的倡议卡片上写下关于在学习中使用 AI 的具体建议。

展示公约，达成共识

倡议卡片凝聚了学生独立思考的智慧，例如"AI 只是我们的工具，不是替身""不要让 AI 替代你的个性""绝对不可以依赖 AI，要独立思考"。这些源于真实体验的感受，凝结成了班级共同的《AI 使用公约》，指引同学们在未来的学习中善用 AI，保持思想的独立性。

教师引导学生总结本次班会的收获。通过实践体验，同学们切身感受到了 AI 的优势与人的不可替代性。

最终，同学们达成共识：只有掌握正确运用 AI 的方法，才能让 AI 真正成为我们提升学习效率的得力工具与好伙伴。

教师总结发言："AI 不是替代思考的捷径。学习的主动权永远掌握在你们手中——何时调用 AI、如何指挥 AI、怎样赋予作品灵魂，都由你们来决定！大家即将升入初中，希望你们能带着本次班会的思考与收获，更智慧地学习，更美好地生活！"

设计意图：通过小组合作制定《AI 使用公约》，引导学生基于实践提炼建议，深化对 AI 工具属性、人的主体性及独立思考的认识，实现知行合一。

六 活动反思

（一）真实问题驱动，立足学生实际困境

班会聚焦于"小点"，使讨论目标明确、切口精准。这些问题源于学生的真实困惑，大家在讨论时不仅有话可说，分析也更具深度。在班会中形成的认知和策略更容易应用于后续的实际学习生活中，真正解决他们的困扰。

（二）遵循"认知—行动"递进逻辑，实现知行合一

班会环节的设计呈现出递进的"认知—行动"逻辑结构，确保学生不仅理解道理，更明确行动方向。学生使用 AI 时变得更有目的性、更富批判性、更具效率，有效促成了班级《AI 使用公约》的形成。

扫描二维码
可观看 40 分钟课堂实录及
15 分钟同步课堂视频